弱者の兵法

野村流 必勝の人材育成論・組織論

東北楽天ゴールデンイーグルス監督
野村克也

アスペクト

弱者の兵法　目次

ブックデザイン／前橋隆道
千賀由美
カバー写真提供／文藝春秋

序章　日本の野球はベースボールを超えた

日本の野球は世界一である

二〇〇九年三月に開催された第二回ワールドベースボールクラシック（ＷＢＣ）。原辰徳監督に率いられた日本代表は、見事、二大会連続の優勝を達成した。

前回の優勝は、第二ラウンドでアメリカがメキシコに敗れるという僥倖《ぎょうこう》に恵まれた部分もあったが、二連覇という事実は、「日本の野球は世界一である」ことを、あらためて世界に証明したといっても過言ではないだろう。

もっとも、今回の優勝について、私は別段驚きはしなかった。ある程度苦戦するだろうとは思っていたが、日本は優勝する力を十二分に持っていると思っていた。

なぜなら、以前から私は、

「もはやメジャーリーグに学ぶべきことはない」

と考えていたし、

「日本の野球は世界一である」

と信じていたからだ。

それでは、「日本の野球が世界一である」と私が思っていた根拠とは何か。

第一は、近ごろはメジャーリーグの試合を見ても、「すごいなあ」と心底驚くことが少なくなったことがあげられる。

現役時代、私は何度も日米野球に出場した経験を持っている。そのころはいまのように選抜チームが来日するのではなく、前年度にワールドシリーズを制覇した単独チームと戦ったと記憶しているが、ウィリー・メイズ（当時サンフランシスコ・ジャイアンツ）やボブ・ギブソン（同セントルイス・カージナルス）、ロイ・キャンパネラ（ブルックリン〈現ロサンゼルス〉・ドジャース）を筆頭に、メジャーリーグの球史に残るような名選手とも私はたびたび対戦した。

正直いって、当時は勝てる気などまったくしなかった。見るもの聞くもの、驚くことばかりで、とりわけ彼らの体格とパワーには打ちのめされた。いったい彼らの身体はどうなっているのだろうと思ってメイズの腕を触らせてもらったら、皮一枚だけがスッとつまめただけだった。余分な脂肪などまったくついておらず、筋肉が漲《みなぎ》っていたのである。

「なるほどなあ、おれたちとは違うなあ」

そう思ったものだ。

余談だが、私はかつて「ムース」というニックネームで呼ばれていたことがある。巷間では メイズが命名したといわれているようだが、正確にはわからない。ただ、一九六〇年に来日したサンフランシスコ・ジャイアンツの連中がつけたものであることは間違いない。

私がバッターボックスに入ると、ジャイアンツ・ベンチから大合唱が聞こえてきた。

「モース、モース！」

私にはそう聞こえたのだが、なんのことかわからなかったので、試合後通訳に頼んでみた。

「なんだか『モース』っていっているみたいなんだけど、どういう意味なのか訊いてきてくれないか？」

すると、通訳がいうには、彼らは「ムース」といっているのだという。アメリカにはムースという種類の大鹿がいて、私ののっそのっそした動きがそれに似ていたらしい。

はるかのち、私が西武ライオンズ（現埼玉西武ライオンズ）に在籍していた時代にフロリダでキャンプを張ったとき、メイズがやって来たことがあって、私の顔に気がつくと「ヘイ、ムース！」と呼びかけてくれたことを懐かしく思い出す。

話がそれた。

日米野球に話を戻すと、われわれ日本チームは最初から勝てないと決めていた部分もあったように思う。事実、当時はすべてにおいて彼我の差は歴然としていた。だが、だからこそ私は日米野球を通じて経験するものすべてを吸収しようとしたし、実際に多くを学んだ。そのときの経験が私の糧《かて》となっているのは間違いない。日本野球全体のレベルアップにも日米野球は大きな影響を与えたはずだ。

ところが、近頃はメジャーの野球を見ていても、少々のことでは驚かなくなったのである。むしろ、「たいしたことないな」と感じることのほうが多いのだ。

「これなら日本の野球のほうが上ではないか」

そう思うこともしばしばなのである。

私がそう感じるのには、メジャーのゲームを見る機会はおろか、活字の情報すらそれほど入ってこなかった昔に比べ、いまは格段にメジャーに触れる機会が増えたことも影響しているのは事実だろう。テレビのスイッチを入れれば毎日試合を放送しているし、直に彼らのプレーを見るチャンスも多い。

加えて私自身、五〇年以上もプロの世界で生きているわけで、自然と野球自体を見る目が上がっている。つまり、こちらの目が肥えてしまっているのだ。そのためメジャーのプレーを見ても――もちろんいまでもパワーという点ではかなわないと感じるものの――それ以外の部分ではよほどのことがない限り驚かなくなったというわけである。

メジャーの力は落ちている

ただ、そうしたことを割り引いても、私がかつて感じたような差はもはや存在しないと思っている。

その理由にはまず、メジャー全体の実力が低下していることがあげられると思う。

私が監督を務めていたころ、ヤクルトスワローズ（現東京ヤクルトスワローズ）の春季キャンプはアメリカ・アリゾナ州のユマで行っていたのだが、その際に練習を見てもらっていたパット・コラレス（当時アトランタ・ブレーブスのコーチ）に訊いたことがある。

「日本人選手がメジャーで活躍できるようになった理由は何だろうか？」

ロサンゼルス・ドジャースに入団した野茂英雄が大活躍をしたことで、続々と日本人選手がメジャーを目指すようになったころの話である。

パットは答えた。

「いまのメジャーはチームが三〇にも増えてしまい、昔に比べると選手層が薄くなってレベルがかなり落ちてしまった。現在プレーしている選手のなかには、かつての３Ａレベルの選手も少なくない。そしてもちろん、日本の選手のレベルが上がってきたことも認めざるをえない」

「なるほど」

私は思った。一九〇一年にナショナル・リーグとアメリカン・リーグによる二リーグ制が発足して以来、一九六〇年までメジャーリーグの球団数はわずか一六チームであった。それゆえ、ほんとうに実力のある選手たちだけでチームを編成することができた。

ところが、その後徐々に加盟チームが増えていき、一九九八年にアリゾナ・ダイヤモンドバックスとタンパベイ・デビルレイズ（現レイズ）が加盟した結果、現在の三〇球団にまで規模が拡大した。

地域密着をより深くし、リーグの規模拡大による増収が見込めるという点で、それは非常に望ましいことではあった。しかし、その反面、各チームが傘下に抱えるマイナーリーグのチームも増加するわけで、そうなれば選手の供給が追いつかないという事態を招くのは必然。それは、選手の実力低下を意味することになるのである。

近年、メジャーのスカウトがキューバやメキシコ、ドミニカ共和国、プエルトリコ、ベネズエラといった中南米の国々だけでなく、日本や韓国、さらにはいまや中国までを視野に入れて有力選手を血眼になって探しているのも、アメリカ国内の人材が払底《ふってい》し、有望な選手を確保できない現実の現れにほかならない。日本で必ずしも一流とはいえなかった選手がアメリカでそこそこ活躍できているのも、その意味では当然といってもいいのだ。

配球などの細かさでは日本のほうが進んでいた

かつての日本野球は体格・パワー・スピードや、単純に投げて打って守るという技術力ではアメリカに太刀打ちできなかったのは事実だ。しかし細やかさや緻密《ちみつ》さという点では――〝考える野球〟という意味ではまだまだだったが――私が現役のころからそれほど大きな差はなかったと思う。

じつは私は、一九六〇年の日米野球で最優秀選手に選ばれ、六二年には村山実とバッテリーを組んでデトロイト・タイガースを相手に日米野球史上はじめて完投シャットアウト勝利をあげたこともある。だからというわけではないが、正直いって、とくにバッテリーの配球については、当時でもむしろ日本のほうが進んでいるのではないかと感じたものだ。

ブルックリン・ドジャースが来日したときだから、一九五六年のことだ。はじめて全日本のメンバーに選ばれた私は、先ほど名前があがったドジャースのキャッチャーだったキャンパネラとかなり長時間話したことがあった。

キャンパネラはナショナル・リーグを代表する名キャッチャーで、アメリカン・リーグのナンバーワンキャッチャーだったニューヨーク・ヤンキースのヨギ・ベラと並び称される名選手だった。そこで、こんなチャンスを逃してなるものかと、彼が宿泊していたホテルニューオータニまで出かけていき、「いろいろ話を聞かせてほしい」と頼み込んだのである。

ところがその会談は、ことキャッチャーの役割という点では、それほど参考になるものではなかった。私が配球のことを尋ねると、

「ピッチャーのいい球を投げさせればいいんだよ」

彼はそういうだけで、リードについてはほとんど心を砕いていないようだった。

「なんだ、日本のほうが進んでいるじゃないか」

私はそう思った。キャンパネラは企業秘密を明かしたくなかったのかもしれないが、対戦相手になるはずもない遠く離れた日本の一キャッチャーに対して、そこまでする必要はない。つまり、実技はともかくとして、リードに対する考え方という点では、当時でもメジャーより日本のキャッチャーのほうが上だったといってもいいだろう。

ほかにも〇—二、もしくは〇—三というボールカウントになったとき、キャンパネラは「必ずストレートを投げさせる」といった。

「どうしてだ?」

私が尋ねると、「しかたがない」

だが、そういう状況ではバッターはほぼ確実にストレートを待っており、しかも打ち気満々

のはずだ。そこで、

「変化球を投げればいいのではないか」

と、私がいうと、キャンパネラは答えた。

「変化球でストライクを放れるピッチャーならいいが、やはりいちばんストライクを取れる確率が高いのはストレートだ」

メジャーのナンバーワンキャッチャーでさえ、配球についてはこの程度の認識しかなかったのだ。

現在でもキャッチャーのリードに関しては大差ない。そもそもメジャーのピッチャーはストレートとスライダー、あとはチェンジアップくらいしか球種を持っていない。したがって配球のバリエーションも限られる（ただし、ストレートに関してはムービングファストボールといって、ほんの少し変化をつけるピッチャーが多い。一方、日本のピッチャーは昔からきれいなストレート、つまり変化しないストレートでないと納得しない）。

これに対して、日本のピッチャーの多くは、五種類以上の球種に加えてフォークボールを武器にしている。野茂英雄や佐々木主浩の例を出すまでもなく、私はこれも日本のピッチャーがメジャーで通用している一因だと思っている。

というのは、日本人バッターならフォークが来てもある程度対応できる。足が短く、ひざを柔らかく使えるから、落ちる球に対応しやすい。また、ほとんどのピッチャーがフォークを投げてくるから、慣れているという面もある。

ところが、メジャーでは「腕を壊す」という理由でフォークを投げるピッチャーが非常に少ないうえ、バッターは上半身のパワーに頼りがちなため、フォークがくるとどうしようもない。

岡島秀樹がボストン・レッドソックス移籍一年目に日本にいたときよりはるかに活躍できたのも、フォークをうまく使ったからだと私は見ている。こうしたことも「メジャーなどおそれるに足らぬ」と私が考える理由のひとつだといっていい（とはいえ、「さすがメジャー」という選手は一チームに一人か二人いることはいる）。

野球の原点を思い出させたイチロー

だが、「日本野球は世界一である」という私の信念をあらためて強固なものにしたのは、やはりイチローの活躍だった。イチローは日本野球の長所を体現し、それがアメリカでも十二分に通用するという事実を示してくれたといっていい。

と同時にイチローのプレーは、アメリカ人をして「ベースボールの原点」ともいうべきものを思い出させることになったと思う。

イチローが海を渡ったころのメジャーリーグは、人工的に増強させた筋肉の鎧《よろい》をまとったパワーヒッターたちがホームランの数を競い合っている時代だった。よくいえば豪快、悪くいえば〝ただ打って投げるだけ〟の野球が隆盛を極めていたわけだ。

そこにイチローが現れた。彼は抜群のバットコントロールを駆使してどんな球でも左右に巧みに打ちこなし、駿足を飛ばして内野ゴロをヒットにしてしまう。ランナーに出れば隙あらば果敢に次のベースを狙い、浅い外野フライや内野ゴロの間にあっという間にホームベースを陥れる。守っても、広い範囲を縦横に駆け回ってヒット性の当たりを好捕し、〝レーザービーム〟でランナーを封殺した。

こうしたプレーは、程度の差はあれ、昔から日本人選手がもっとも得意とするところであり、日本野球の最大の特長であるといっていい。なにしろ、この私ですらホームスチールを七度も成功させた経験を持っているのだから……。

たしか単独によるスチールは二回で、残りはダブルスチールだった。一塁ランナーがまずスタートし、三塁にいた私がその間にホームを陥れたわけである。この程度のプレーは、日本の野球では日常茶飯事のごとく行われていたのである。

もっとも、これらのプレーは〝ベースボールの原点〟ともいうべきものであり、かつてはメジャーリーグでもあたりまえだったはずだ。おそらくタイ・カップなどは、そうしたプレーヤーの典型だったのだと想像する。メイズに私が驚かされ、尊敬するようになったのも、強力な打撃もさることながら、俊敏で緻密なプレーを決しておざなりにしなかったからだ。

ところが、用具の進歩やトレーニング方法の変化などの影響でメジャーリーガーの多くがパワーを競い合うようになり、緻密で細やかなプレーはいつしかメジャーのグラウンドから失われ、必然的にファンからも忘れられてしまった。

そんなところにイチローが日本からやってきて、〝原点〟をアメリカ人に思い出させた。だからこそイチローは、日本人であるにもかかわらず、ファンの喝采を浴びたのだと思う。

（余談だが、セットポジションの技法は日本の投手のほうがうまく、スチールはメジャーのほうが成功しやすい。一般的に「クイック投法」を使う日本の投手は、投手が始動して捕手のミットにボールが収まるまで平均一・二秒かかる。メジャーにもクイック投法のできる投手がたまにいるが、一・五秒以上かかる投手が多い。）

日本流の練習を取り入れはじめたメジャーリーグ

一方でイチローの登場は、メジャーリーグ関係者の眼をも日本野球に向けさせることになったに違いない。

シアトル・マリナーズに入って最初のキャンプ、イチローはメジャー流の練習に不満をもらしていたという。よく知られているように、なにしろメジャーの連中の練習は確実に日本よりずっと少ないし、守備練習も軽めで、日本のように一〇〇〇本ノックもやらない。選手の自主性に任せ、「そんなことはキャンプまでに各自でやってこい」ということなのだろうが、多くの選手が開幕まで本気でプレーすることはほとんどない。選手の進歩・上達は、試合で身につけさせるという考え方なのである。

しかし、イチローはアメリカでも日本で行っていた練習を貫いたそうだ。その姿を見た選手たちの多くが次第に彼を見習いはじめ、ストレッチといった準備運動から守備練習、さらには特打にいたるまで、ハードな練習を真剣に行うようになった。そして、これを見たマリナーズの首脳陣もイチロー流のトレーニングを全体練習に取り入れ、ほかのチームも追随するようになってきているという。

二〇〇八年のワールドシリーズを制したのはフィラデルフィア・フィリーズだったが、ご存知のように、このフィリーズを率いたのがチャーリー・マニエル、そう、かつてヤクルトスワローズに在籍し、〝赤鬼〟と呼ばれたマニエルだった。

マニエルは特守や特打といった、日本ならではの練習を積極的に取り入れたそうだ。彼は日本に来た当初、あまりに長時間バッティング練習——日本ではふつうのことだったが——をさせられたので疲れきってしまったという。アメリカではそんなことをしたことがなかったからだ。ところが、二時間の練習に耐えることができるようになったとき、思ったという。

「私は強くなった。試合では練習よりもボールが遅く見えた」

「日本で練習の大切さを学んだ」と語る彼は、クリーブランド・インディアンスの打撃コーチを務めていたころから早出特打を取り入れ、バッターが不調に陥ったときでも休ませることなく、それどころか特打をさせたという。

「練習あるのみ。野球は反復が大切なのだ。打ち込まない選手が打てるようになるわけがない」

マニエルは日本でそのことを学んだのだ。

また、彼は自分に猛練習を課した当時のヤクルトスワローズの監督・広岡達朗さんに対して以前は批判的だったが、監督になってはじめて広岡さんのいっていたことが理解できたとも語っている。こうした豊富な練習量が若い選手の力となったのは間違いないだろう。

近年のメジャーリーグには、マニエルのほかにも、かつて長嶋茂雄監督時代の巨人でプレーし、監督として一九八六年にニューヨーク・メッツを世界一に導いたデーブ・ジョンソン——彼は第一回WBCアメリカ代表でコーチを務め、北京オリンピックの際は監督、そして第二回WBCでもアメリカ代表を率いた——を嚆矢《こうし》として、日本野球を経験した指導者が増えている。

ロッテオリオンズ（現千葉ロッテマリーンズ）に在籍したジム・ラフィーバーはマリナーズ

やシカゴ・カブスで監督を務め、その後中国代表の指揮を執っているし、オークランド・アスレティックスを二度地区優勝に導き、二〇〇九年からはミルウォーキー・ブリュワーズで指揮を執っているケン・モッカは中日ドラゴンズでプレーしていた。千葉ロッテマリーンズを日本一に導いたボビー・バレンタインはニューヨーク・メッツの監督を務め、北海道日本ハムファイターズを日本一のチームに育てたトレイ・ヒルマンもカンザスシティ・ロイヤルズの監督として五年ぶりにチームを地区最下位から脱出させた。そして、二〇〇九年のシーズン途中からコロラド・ロッキーズの監督に昇格したジム・トレーシーは、大洋ホエールズ（現横浜ベイスターズ）でプレーしており、これまでにもロサンゼルス・ドジャースとピッツバーグ・パイレーツで監督経験がある。

また、北京オリンピックに出場したキューバ代表の監督を務めていたのも、日本野球経験者だった。私とも関わりのあるアントニオ・パチェコである。パチェコは私が指揮していた社会人のシダックスでプレーしていたことがあり、そのとき一緒に来日したのが、パチェコのもとで打撃コーチを務めたオレステス・キンデランだった。

北京オリンピックの際、パチェコとキンデランは「ミスター・ノムラから多くを学んだ」といっていたが、こうした日本野球の経験を持つ監督たちが現実に采配面においてどれだけ日本野球を取り入れているのかはわからない。ただ、少なくとも緻密で細かい野球を導入しようと考えているのはたしかだろうし、野球に対する取り組みという点では日本のやり方を手本にしているのは間違いないように思う。

弱者の兵法

それでは、諸外国が取り入れようとしている日本野球とは具体的にどのようなものか。

ひと言でいえば、〝弱者の兵法〟である。

日本は決して強者ではない。日本人は目に見える力――すなわち身体のサイズや体力、パワー、そしてそれらが生み出す「打つ・投げる・守る」という技術力など――という点では、アメリカやキューバをはじめとする諸外国には太刀打ちできない。

とすれば、なんらかのプラスαでそれを補うことが勝つためには必要になる。諸外国にはない、もしくは彼らが必要としないサムシングエルスを身につけなければならない。

いい換えればそれは、日本人の強みを活かすことにほかならない。すなわち、事前に可能な限り情報を集め、正確に分析し、それを最大限に活用して周到な戦略・戦術を練る。そして、豊富な練習量で培った組織力やインサイドワークや緻密さ――私が常々いっている〝無形の力〟――を駆使することで、個人の力ひいては体力やパワーの不足を補うという戦い方である。それが諸外国に対抗しうる唯一の手段であり、日本野球の最大の強み・武器になるのである。

いくらメジャーリーガーであっても、一六〇キロ以上のボールを投げられるピッチャーなどザラにはいないし、打率五割をマークした、あるいはホームランを年間八〇本打ったバッターはいまだひとりもいない。一〇〇メートルを八秒台で走れるランナーもいないのである。つまり、そうした有形の力には限界があるわけだ。

だが、無形の力に限界はない。磨けば磨くほど、突き詰めれば突き詰めるほど、その力は大きくなる。

とすれば、有形の力よりも、無形の力のほうが絶対に強いのだ。まして野球は、接触プレーが少なく、一球ごとにゲームが止まる団体競技。したがって、弱者であっても、兵法を工夫すれば強者に勝つことは充分可能なのである。すなわち、天性だけに頼るのではなく、そこに無形の力を加え、チーム一丸となって勝利を追求する——それこそが弱者たる日本が目指すべき野球にほかならないのだ。

WBCが与えた衝撃

二〇〇六年に開催された第一回WBCは、そうした日本野球のすばらしさを世界に知らしめた最初の機会だったといえる。いわば〝タナボタ〟で準決勝に進出した日本ではあったが、準決勝と決勝の戦いぶりは見事だった。

とくにアメリカはメジャーリーガーを送り出しながら二次リーグで敗退しただけに、ショックが大きかっただけでなく、日本に見習うべき点がたくさんあることにあらためて気づいたようだ。

アメリカチームを率いたバック・マルチネス監督は、二次リーグでの日韓戦を見た感想として、「競争、希望、献身といった野球の基本が多く盛り込まれた、とても美しい試合だった。両チームの選手たちは戦士のようにプレーしていた」と語り、大会後次のようなコメントを残している。

「われわれは世界に野球を教えてきたが、いまは日本や韓国から学ぶべきことが多い」

ボビー・バレンタインは、アメリカのスポーツが「スタンドプレーや、派手なスタイル、特大ホームラン、一六〇キロの速球みたいなものばかりを過剰にクローズアップして、基本技術やチームワークにはほとんど重点を置いていない」とし、こういったそうだ。

「メジャー・リーグ流の野球と比較しながら、アジア式のコンパクトな野球を観たら誰でも、基本がしっかりしているチームのほうが勝つ可能性が高い、とわかるはずさ。（中略）アメリカのチームの敗退に、弁解の余地はない。プレーがまずかっただけのことさ」（ロバート・ホ

ワイティング『世界野球革命』早川書房）

同書には、出場した選手の意見も紹介されている。

「われわれのまずいプレーはさておき、日本人をほめるべきだよ。連中の長所が、そのままわれわれの弱点なんだ。彼らは細かいプレーを本当にていねいにこなしている。走者を進めたり、タイミングよくバントしたり、エンドランをうまく使う、本当にいいチームは、そうやって試合に勝つんだ。ああいう試合では、ホームランばかりに頼ってはいけないのさ」（デレク・ジーター）

「日本チームのようなラインナップには、事実上弱点がない。打者すべてがオールスター級だからではなく、一人一人が我慢強く集中力を全開にして打席に立っているからさ」（ジェイク・ピービー）

「彼らはカウントをうまく利用するし、ボールをちゃんと活かす。左打者がレフト方向に流すあたりは、見事としかいいようがない。しっかり構えて、投球をよく見極めながらバットを振っている。やるべきことをすべてやってるね」（ブラッド・リッジ）

むろん、多少のお世辞はまじっているのだろう。彼ら自身、「短期決戦で〝世界一〟が決まるわけがなく、一シーズンフルに戦えば、日本など問題にすべき相手ではない」と考えているようだし、事実、そうかもしれない。

けれども、彼らの言葉は日本野球の長所を的確に指摘しているし、少なくともWBCやオリンピックのような短期決戦では、日本のような戦い方がもっともすぐれていると、充分に認めているのである。

北京五輪の日本と韓国

ところが、アメリカも認めた日本野球の長所を活かせず、金メダルのチャンスをみすみす逸してしまったのが、二〇〇八年に開催された北京オリンピックでの日本代表であった。

星野仙一監督のもと、前回のアテネで銅メダルに甘んじたリベンジを期した日本代表は、予選リーグはなんとか四位につけて決勝トーナメント進出は果たしたものの、ライバルと目されていたキューバ、韓国、アメリカには完敗。決勝トーナメントでは韓国に、三位決定戦ではアメリカに相次いで敗れ、トータル四勝五敗。メダルにすら届かなかった。

その結果に関して、とやかくいうつもりはない。星野も選手たちも、日本のために力の限り懸命に戦ったはずだし、勝負事だから勝つときがあれば負けるときもある。勝負には当事者にしかわからない部分があり、運・不運もつきまとう。短期決戦特有の難しさもあったに違いない。

だからその成績について文句をいうつもりはないのだが、とにかく残念だと感じたのは、日本代表が、「世界一である」日本野球の片鱗《へんりん》すら見せられなかったことだ。日本がすべき野球をしなかったことで、せっかくの金メダルのチャンスを、みずからフイにしてしまったように しか私には見えなかったのである。

日本が志向すべき野球を見せてくれたのは、むしろ韓国だった。というのも、韓国が手本としたのが、ほかならぬ日本の野球だったからである。

もともと韓国の野球は、パワーを活かした攻撃野球が身上だった。事実、北京オリンピックのときのチーム打率は、日本の二割二分三厘をはるかにしのぐ二割七分七厘だった。

ただし、一方でこのときの韓国チームは、バントや足をからませた攻撃を多用するケースも目立ったし、課題とされていた守備も決して日本に劣っていなかった。つまり、持ち前の豪快な攻撃野球に堅実さと緻密さがプラスされていたのである。そして、そうした野球を目指すために参考にしたのが日本の野球だったのだ。

韓国の新たな野球を牽引したのは、国内リーグで二連覇中のSKワイバーンズだという。監督を務める金星根《キムソングン》氏は、三年前まで千葉ロッテでコーチを務めた経歴を持ち、二〇〇七年に監督に就任すると、投手コーチに加藤初、打撃コーチに大田卓司、守備コーチに福原峰夫という三人の日本人コーチを招いた。

金監督によれば、これまでの韓国は、打撃に比べると守備に弱点を抱えていたそうだ。そこで福原コーチの指導のもと、キャンプでは多いときは練習時間の八割を守備練習に費したという。

そしてもうひとつ、金監督が導入したのがデータの活用だった。ロッテ時代から、金監督は感じていた。

「チームがデータを活かしきっていない」

たしかにデータを収集・分析する人間は優秀で、豊富な情報を持っていたのだが、現場のコーチがそれを活かす術を知らなかったというのである。

そこで金監督は、選手たちに一冊のノートを配布した。タイトルは『ID野球メモ』。つまり、私がかつて書きとめた「野村の考え」である。しかも、このID野球を実践するために、ヤクルト時代に私のもとで打撃コーチを務めていた伊勢孝夫を招聘《しょうへい》した。

SKでは試合中、スコアラーが相手投手の配球や球速などを記録し、イニングごとにベンチに伝え、これをもとに伊勢が攻略法を伝授するという。これがSK躍進の、ひいてはオリンピック優勝の大きな力となったというわけだ。

こうした情報戦略は、当然代表チームでも活かされた。なかでも白眉だったのは、オリンピック直前にキューバを招いたことだ。キューバと一〇試合程度の練習試合を行うことで韓国は、それまで収集した情報を確認するとともに、最新の情報を得ることができたのである。データというものは、実戦で役立つのはもちろんだが、選手の不安を取り除いて自信をつけさせ、優越感を与えるという意味でも大きな効力を発揮する。オリンピックで韓国選手は周到な準備のおかげで自信を持って戦っていたように見えた。韓国の優勝は、必然とまではいえないにしても、決して偶然ではなかったのだ。

日本惨敗の理由

韓国が優勝した理由を考えれば、おのずと日本が惨敗した理由も明らかになる。

第一にあげられるのは、バックアップ体制である。まず韓国では、国際試合に合わせて国内リーグのストライクゾーンを変更するなどルール変更を行った。それまで韓国のストライクゾーンは日本やアメリカに比べると上下が長かったのだが、それをボールふたつぶん下に下げ、国際規格に適応させた。

これに対して、日本はどう見ても国際試合への対策が万全だったとはいえない。そのことを如実に示したのが初戦のキューバ戦でのダルビッシュ有（北海道日本ハムファイターズ）のピッチングだった。

この試合、ダルビッシュは四失点を喫して五回途中で降板、負け投手になったのだが、結果はともかく、問題はコントロールのいい彼が五つもの四死球を与えたことにある。その原因は、ストライクゾーンが日本とは異なっていたことが大きかったように私には思えた。使用したボールが国内で使っているものと違うことも影響していたろう。打線も最後までゾーンの違いにとまどっていたようだ。

また、韓国がオリンピック期間中は国内リーグを休止し、代表強化に専念したにもかかわらず、日本はほぼ通常どおりのシーズン・スケジュールを組んでいたのも対照的だった。

こうしたバックアップ体制は、当然選手選考にも関わってくる。これが第二の違いである。日本では、所属選手が代表に選ばれることを各球団が全面的に歓迎したわけではない。その間、戦力が低下するのは明らかだし、ケガをしてのちのシーズンに影響する可能性も懸念されたからだ。

しかし、韓国は国内リーグを休止したから各チームに気兼ねすることなくベストの選手を選抜できた。実際、選手選考にあたっては、過去の実績や名前にとらわれることなく、そのときもっとも調子のいい選手を選ぶことにしたそうだ。のみならず、代表チームのほかにもうひとつ「常備軍」と呼ばれるチームをつくり、たがいに競わせた。こうすれば、誰かがケガをしたとしても、すぐにほかの選手が取って代わることができるわけだ。

ただし、調子がどうであろうと召集すると決めていた選手がひとりだけいた。日本の巨人軍でプレーしている李承燁《イスンヨプ》である。

そのシーズンの李は、オリンピック前まで不振にあえいでいた。けれども、彼は韓国の英雄であり、人格やリーダーシップの点でも申し分なかった。代表チームには不可欠な存在だった。つまり、私のいう「チームの中心」だったのである。負けたら終わりという国際大会におけるチームの精神的支柱として、絶対に必要だったのだ。そして、この「チームの中心」に対する考え方が、日本と韓国の三つめの差だったといっていい。

「中心なき組織は機能しない」。これは私がたびたび口にする組織論の大原則である。野球に限らず、中心的役割を担う人物の意識や言動は、組織内のほかの人間に大きな影響を与える。しっかりした中心がいれば、組織はきちんと機能するし、逆に中心がいいかげんだと組織全体もそうなってしまう。

したがって、中心選手はたんに技術的にすぐれているだけでなく、人格や日頃の行いにおいてもほかの選手の模範とならなければいけない。「野村はエースや四番に厳しい」とよく指摘されるが、これはひがみやそねみではなく、私が彼らに「鑑」となることを求めるからである。だからどうしても辛口になるわけだ。

韓国に李という「真の中心」がいたのに対し、日本にはいなかった。四番に座ったのは阪神タイガースの新井貴浩だったが、全日本の四番は彼にはまだ荷が重いといわざるをえない。実際、新井が全力を尽くしているのは伝わってきたが、腰痛を抱えていたこともあって、その期待に応えられたかといえば疑問だった。

エースに指名したダルビッシュの起用法にも疑問が残った。先に述べたように、ダルビッシュは初戦のキューバ戦で負け投手になった。結果については仕方がない。先発予定となっていた準決勝でリベンジを果たしてくれればよかった。

ところが、この初戦の乱調で、星野ら首脳陣は韓国との準決勝の先発からダルビッシュをはずし、杉内俊哉（福岡ソフトバンクホークス）を立てた。一次リーグのオランダ戦で杉内が好投したからという判断だったのだろう。

結果としてどちらがよかったのかはわからない。調子のいい選手を優先して使うのは、短期決戦の鉄則である。ただ、この時点でダルビッシュは「エース」の称号を剥奪《はくだつ》されたも同然だった。打の中心だけでなく、投の中心も日本代表からはいなくなってしまったのである。

ほかの選手の選考にも疑問は拭《ぬぐ》えなかった。何を基準に選んだのか、私にはわからなかった。選手選考は当然、戦略・戦術と密接に関係する。今回、代表を編成するにあたって星野は、「一点を守りきる野球」を表明していた。各国のエース級が集まり、かつデータもそうは得られない国際試合では、打ち崩して点をとることはむずかしいからだ。

したがって、勝つためには機動力を前面に押し出すことが必要になる。星野のいったことは正しいし、たしかに川﨑宗則（福岡ソフトバンクホークス）や西岡剛（千葉ロッテマリーンズ）といった足のある選手が選ばれていた。けれども、それでもまだそういう選手が足りなかったように思う。しかも、選ばれた選手たちの多くが故障で満足に働けなかった。

再三指摘されたように、岩瀬仁紀《いわせひとき》（中日ドラゴンズ）の起用法も不可解だった。星野は何度失敗しても、大事な場面で岩瀬を投入した。結果、日本が喫した五敗のうち三敗は岩瀬が責任投手となった。

私は必ずしも情をかけるのを否定するわけではない。私自身、変えどきだと判断してもあえて続投させ、痛い目を見たことが何度もある。なぜそうするかといえば、失敗することで本人が足りないものに気づき、意識を変えることでさらに大きく成長する可能性があるからである。たとえ一度失敗しても、もう一度チャンスを与えることで、最終的にそのマイナスを補って余りある大きなプラスをチームに与えるかもしれないからだ。

だが、シーズン中ならともかく、短期決戦でそれをするのは自殺行為に等しい。短期決戦に余裕はないのである。長いシーズンと違い、短期決戦はひとつの負けが大きく影響する。情けをかけてしまえば取り返しのつかない結果を招くおそれがあるばかりか、その選手にとっても不幸なのだ。

だから、指揮官はまんべんなく選手を起用しようなどと考えてはいけない。選手個々のその日のコンディションと好不調を最優先に観察し、過去の名前や実績でメンバーを決定してはいけない。選手が何人いようと、「こいつとこいつ」と決めたら、あとは捨てる覚悟が必要なのである。

そもそも私の見る限り、岩瀬はシーズン中から調子が悪かった。にもかかわらず岩瀬を選んだのは、首脳陣がしっかりとした基準でメンバーを選んでいなかったことを証明していたといってもいいのである。

データの無視

もうひとつ、日本と韓国で差があったのが事前の準備、具体的にいえばデータの活用だった。孫子が説くように、「敵を知り、己を知る」ことは、戦いの基本である。前述したように、韓国は全力をあげて各国のデータを収集し、分析した。大会に入ってからも絶えず最新情報を集め、修正し、試合で活かしたはずだ。

その努力が結実したのがキューバとの決勝戦だったといえる。韓国は、大会前の練習試合でキューバが打ちあぐんでいたサウスポー投手を先発させ、外角を中心とする緩急をつけた配球を組み立てて、見事強打のキューバ打線を二点に抑えきった。おそらく韓国は、ＳＫが行っているように試合中もつねにデータを収集・分析し、役立てたに違いない。短期決戦だからこそ、データ活用の成否が大きなカギとなるのである。

対して日本はどうだったか。

日本も情報収集は徹底して行ったと聞いている。しかし、それを活かしているようには見えなかった。私の見る限り、どのバッターもただ来た球を打っているようで、データを活かした攻略法は練られていなかったように思う。

守っても、序盤でリードしながら、中盤以降に手痛い一発を打たれた。これもデータを活かし切れなかったのが原因だろう。各バッターの特徴や傾向を踏まえ、それに応じた配球を組み立てられれば、少なくとも大事な場面での一発は防げるものなのである。要するに、現場全体がデータを軽視していたといわざるをえないのだ。

思うに、全日本の選手たちはもともと「データなど必要ない」という考えの持ち主ばかりだったのではないか。技術力や直感だけでそれなりにやれている選手ばかりだから、データをはなから無視しているのである。それぞれの所属チームの多くもデータを使った野球を実践していないから、活用する術も知らないのではないかと思えた。

コーチたちがデータの重要性を理解し、活用法を植え付ければ話は違っていたかもしれないが、代表のコーチを務めていたのは田淵幸一と山本浩二。現役時代から彼らは、とくに田淵は天性で野球をしていた人間だ。ここにもデータを活かせなかった原因があったのではないか。

そもそも彼らは「野球の本質」を理解しているのかと疑いたくなる場面もあった。たとえば、予選リーグでの韓国戦である。二点を追う九回、日本は無死二、三塁というチャンスを迎えた。打席に立ったのは阿部慎之助。韓国は、一点は失う覚悟でやや深めの守備をとった。ふつうなら——阿部も知っていたはずだが——確認のために「何が何でもセカンド方向（右方向）へ打て」との指示をすべきである。ヒットにならなくても一点入り、かつセカンドランナーは三塁に進むことができるからだ。そのためには、右方向へ打てる球を待って打っていくことがもっとも重要なのである。

ところが、首脳陣はまったくの無策だった。ただヒットが出るのを待っているだけだったのである。結果、阿部は浅いレフトフライに倒れ、日本はみすみす同点のチャンスをフイにしてしまった。

要するに、日本の特長と長所を活かすのではなく、たんに個々の技術力に頼るだけの野球をしてしまったのが、このときの代表だった。

だが、それならばパワーや体格で日本に勝るアメリカ（このオリンピックではメジャーリーガーは出場しなかったが）やキューバ、さらには攻撃野球を標榜《ひょうぼう》する韓国にも勝てるわけがないのは自明の理。日本は、自分たちの長所を活かし、セオリーに基づいて試合を進めるべきだったのである。

以上のような観点から見ると、日本の敗退は必然だったといってもいい過ぎではない。「負けに不思議の負けなし」と私がよくいうのはそういう意味なのである。

「日本力」を見せたWBC日本代表

こうした北京での惨敗を分析したのか定かではないが、第二回WBCに挑む日本代表の監督を務めた原は、代表チームを「サムライジャパン」と名づけ、「日本力（にっぽんぢから）」というチームスローガンを掲げた。

大会前、あるスポーツ新聞のインタビューに答えて原はいっていた。

「日本人の持つ力を世界にアピールし、日本人が自信と誇りを持てるような戦いを見せたい。日本野球の優れた部分を引き出せば結果はついてくる」

そして、その日本力については次のように続けていた。

「野球というスポーツは単純な選手の個人のスキルだけでなく、自己犠牲というメンタル的な部分が大事なスポーツ。他の競技に比べて、考えるという部分も大きい。アメリカで生まれたスポーツだけど、日本人には向いているところがある。日本力を出せば、優勝できると思っています」

今回の優勝は、選手たちがこの原の言葉を実践したことに尽きるのではないか。

すべての試合を見たわけではないが、私の見る限り、じつは原ならではの采配というべきものは特段目につくことはなかった。が、抑えの藤川球児（阪神タイガース）が不調と見るや、ダルビッシュを抑えに起用したのは、「選手個々の好不調を最優先する」という短期決戦の戦い方の鉄則を実践したものといえるし、逆に不振にあえいでいたイチローを最後まで使い続けたのは、もちろんあれだけの打者なのだからいつかは修正してくるはずという読みもあったに違いないが、彼の守備が日本の志向する野球には必要不可欠だとの理由があったのだと思う。戦い方にブレは見受けられなかった。

それに、原の采配が目立たなかったということは、逆にいえば、選手各自が自分の果たすべき役割を認識し、みずから果たそうとしていたということでもある。

極論すれば、全日本のようなトップ選手を集めてチームを編成したとき、監督というものは試合では何もする必要がないといっても過言ではない。基本的には選手にまかせておけばいい。監督の仕事とは、そこにいたるまでなのである。

具体的にいえば、選手選考にはじまって、基本的戦略・戦術の立案と徹底、コンディション管理と練習方法の指示、そして大会の意味とそれに伴う代表選手としての心構えについての訓示……。すなわち、「野球の本質」を理解し、しっかり準備して、適材を適所に配し、無形の力を最大限に活かす戦い方を授ければいいのである。それが徹底されていれば、試合では監督が特別に動かなくても、おのずとチームはいい方向に向かうものなのだ。

原がどれほどのことをしたのかはわからないが、少なくとも今回のチームはそうした点においては認識が共有され、徹底されていたように見えた。

打者分析・観察・洞察を欠いた城島のリード

むろん、細かいことをいえば不満な点はいくつかあった。なかでも指摘しておきたいのは、第一ラウンド韓国戦の四回、○対○、ワンアウト一、二塁という場面で韓国の四番・金泰均《キムテギュン》を迎えた際のキャッチャー・城島健司のリードである。

その前の第一打席で、城島は岩隈久志にインコースを攻めさせてサードゴロに打ち取った。そしてこの第二打席でも初球にインコースを要求、金はこれをファールにした。ということはつまり、金は明らかにインコースを狙っていたわけだ。

「金はインコースが弱点だ」と城島は見ていたのかもしれない。が、弱点には「たとえそこを狙っていても打てない」ところと、「狙いにいけば打てる確率が高い」ところの二つがある。この場合は後者だった。にもかかわらず、城島はまたもインコースに投げさせ、三塁線を破る痛打を浴びた。そして、これが決勝点となった。

あえてインコースを打たせて取るつもりだったのかもしれない。が、それならばサードを守っていた村田修一に三塁線を固めておくよう指示を出すべきだった。ふつうのキャッチャーなら、あらかじめサードとのあいだでサインを決めておき、インコースを攻めるときは了解を交わすものなのだが、それができていなかったらしい。テレビの解説で古田敦也も危惧していたように、三塁線はガラ空きだった。城島のミスで、防げたはずの点をみすみす韓国にやってしまったのである。

さらにいえば、韓国との決勝、三対二と日本がリードしての九回裏の場面だ。二死一、二塁、ヒットが出れば同点という状況でダルビッシュと城島のバッテリーは長打力のある李机浩《イボムホ》を迎えた。その三球目だった。ダルビッシュはスライダーをレフト前に運ばれ、同点に持ち込まれてしまった。

なぜ、城島はスライダーを要求したのか。

データから、李がストレートに強いのはわかっていたはずだ。李はこの大会ですでに三本のホームランを放っていたが、それはいずれもストレートだった。したがって、この大事な場面での初球、ストレートを避けてスライダーから入り、この三球目にもスライダーを投げさせたのは間違いではない。ましてダルビッシュのスライダーはすばらしいキレを持っている。

だが——なによりデータを重視する私がいうのは奇異に思われるかもしれないが——データは絶対ではない。データはあくまでも過去のものであり、それを妄信してしまうのは禁物なのだ。過去のデータを踏まえつつも、つねにそれを最新のものに置き換えておかなければならない。そのために、とくにキャッチャーには打者分析の能力が不可欠であり、そのために必要なのが観察力と洞察力なのである。

捕手はつねにボールを受けながら、打者の反応、動きを見逃してはならない。バッティングはひと言でいえば、タイミングが大事である。タイミングのとり方で打者の狙いはある程度わかる。したがって、捕手には打者のタイミングが合っているかどうか見極める観察眼が重要となる。

ところが、城島にはそれが欠けていたようだ。

この試合のそれまでの三回の打席で、李は得意なはずのストレートをすべて見逃していた。しかも、この四度目の打席でも、二球目の甘いストレートには手を出さなかったのだ。以上のことに気づいていれば、李がこの試合に限ってはスライダーを待っていたことを見抜けたはずなのである。にもかかわらず、城島はスライダーのサインを出し、試合を振り出しに戻されてしまったのだ。

野球は〝たら・れば〟のスポーツである。結果論をいってもしかたがない。だが、〝たら・れば〟のスポーツだからこそ、勝つためには極限までリスクを抑え、可能な限り成功する可能性の高い選択肢を選ばなければならない。それは、弱者の兵法の鉄則でもある。

この二打席以外の城島のリードは見事だったし、とりわけバッティングではすばらしい貢献をした。だからこそ、あえて猛省を促したいのである。

弱者であっても勝者にはなれる

このように、気になる点はいくつかあったのだが、総体的に見れば日本はよく戦ったと思う。守って勝つという日本が目指す野球を体現してくれた。とくに、ダルビッシュ、岩隈、松坂大輔を中心とする投手陣のがんばりはほんとうにすばらしかった。チーム全体としても、北京のときは稀薄に映った日本を背負っているという誇りや、そのためになんとしてでも勝つのだという気持ちを強く感じさせた。

日本のホームラン数の四は、決勝ラウンドに進んだチームのなかではもちろん最少である。韓国、アメリカ、ベネズエラはいずれも二桁をマークしている。それでも優勝したという事実は、目に見える力だけに頼らない——もちろん、投手陣をはじめ今回の代表は技術力という点でも諸外国を凌駕《りょうが》していたし、最後にモノをいったのは「個人の力」であったわけだが——決してそれだけをあてにしない、弱者の兵法が世界に通用することを証明したといってもいいだろう。

そして、この弱者の兵法とは、まさしく私自身が選手時代から監督生活を通じて追求してきたものであった。

選手としてとりたてて天性に恵まれていたわけではない私は、すぐに技術的な限界に突き当たったが、バッティングや配球にデータを取り入れることでそれを乗り越えることができた。データの活用など、当時はまだほかの誰もやっていなかったはずだ。

監督となってからは、預かったチームがいずれも弱いチームであったため、さらにデータの活用を徹底的に推し進め、それをもとに戦術を練り、適材を適所に配することで、有形の力で圧倒しようとするチームに対抗しようと考えた。そのためにスコアラーの育成にも力を入れた。いまでこそスコアラーは各チームに必要不可欠な存在となっているが、使えるデータを収集させたという意味では、私が先鞭《せんべん》をつけたといってもいいだろう。

誰も指摘してくれないのであえて自分でいわせてもらうが、五〇年にもおよぶプロ野球生活で、私はずいぶんと新しいことを提供してきたつもりだし、そのことで日本の野球のレベルアップに貢献してきたと自負している。その最たるものが、無形の力を最大限に活かして戦う弱者の兵法を確立したことだと考えているのである。

次章から私は、これまで培ってきた弱者の兵法がいかなるものか、具体的に述べていこうと思う。そして、それを語ることは、プロフェッショナルとは何か、強い組織はどのようにしてつくられるのか、そのために指導者が果たすべき役割とは何か、そしてそれにはどんな心構えで、何をしなければいけないのか、といったことについて語ることにもなるはずだ。

野球に限らず、いまの世の中は全般的にプロ意識が薄れているような気がしてならない。そして、勝ち組・負け組という嫌な言葉が流行したように、現在ほど〝弱者〟が苦しめられている時代はないと思う。

だが、日本野球が世界一に輝いたように、たとえ弱者であっても勝者になれる。これまでの私のプロセスとそこで考えてきたこと、実践してきたことが、読者のみなさんに勇気を与え、勝者となるためのヒントになれば幸甚である。

第一章　プロフェッショナルとは何か？

「おもしろい」「勝つだけ」が野球ではない

「おもしろければいい」

「とにかく勝てばいい」

近年、プロ野球についてそのような風潮があるように思えてならない。そして私は、そういう考え方に強い憤りを感じている。

もちろん、楽しいこと、勝つことは、興行としてのプロ野球にとって大切な要素であることを認めるにやぶさかではない。が、それだけを追い求めるのは、野球の本質やプロレベルの野球をスポイルすることにほかならないと思う。

とりわけ放送局や新聞社のほとんどは、「視聴率（聴取率）が上がればいい」「売り上げが伸びればいい」と考えているだけのように私には見える。テレビ中継に野球をたいして知らない芸能人を出演させたり（野球中継をほかの番組を宣伝するための媒体としかみなしていないのではないかと思われることすらある）、懸賞付きのクイズをやったりするのが、その証拠だといっていい。

実況や報道、そして評論にしても、野球に真摯《しんし》に打ち込む選手の姿やプレーそのものの醍醐味、勝負の微妙なあやというようなことにはほとんど言及せず、ただ華やかさや派手さばかりをクローズアップするだけ。

一球ごとに生じる攻撃側と守備側のせめぎ合いや心理戦、監督の采配の妙といったところに野球のほんとうの楽しさ、奥深さがあるのにもかかわらず、ただホームランやヒット、三振といった目に見えるものだけを追い求め、どっちが勝った、負けたと一喜一憂している。結果論だけで選手や監督、チームを批評する解説者・評論家も絶えない。

私の大嫌いな「珍プレー集」の類《たぐい》はいまだ放送されているし、やたら選手を支える家族の話題を持ち出すのも最近の傾向だ。それが視聴者や読者の求めるものであり、そうしなければ視聴率や部数が稼げないとメディアは信じているようだ。

しかし、いったい野球ファンの誰が野球中継の場で芸能人の話を聞きたいといっているのか。家族のことにどれだけ興味があるのか。自分の目で見ればわかることを誰が解説者に語ってほしいというのか。メディアのほとんどは勘違いしているとしか私には思えないのである。

記者たちによくいうことがある。

「君たちが野球ファンを育てているのだぞ。その気概を持ってくれ」

別に野球を美化して伝えろといっているのではない。人々に夢と感動を与えるスポーツとしての野球を、あるがままに、送る側も熱をもって届けてほしいのである。

メディアが野球のほんとうの魅力や醍醐味を伝えず、それに関係があるとは思えない情報ばかり垂れ流していれば、ファンの多くはそういうものだと思ってしまう。当然、野球を見る目も養われない。とすれば、そういう中継や報道を見聞きして育つ将来のプロ野球選手も、「野球とはそんなものだ」と勘違いしてしまうだろう。

仕事に全身全霊を捧げるのが真のプロフェッショナルである

そもそもプロ野球の「プロ」とは何を指すのか。

それで飯を食っているからか？　高い技量を持っているからか？　憧れの対象となる存在だからか？

むろん、それらはプロの一面である。だが、いまあげた要素は、あくまで出発点である。プロとしての最低条件である。それだけでは真の意味で「プロ」とは呼べない。

取り組み方――真のプロと呼べるか否かは、そこにかかっていると私は思っている。いかにその仕事に全身全霊、全知全能を捧げて取り組むことができるか。それを実践できる人間をプロフェッショナルと呼ぶのである。

野球は勝負事である。それだけに、勝つことが非常に重要であることはいうまでもない。プロ選手の評価は結果で決まる。したがって、勝たなければならない。私自身、勝利に対する執念は誰にも負けないと自負している。

しかし、勝負の結果よりも、大切なものがある。人生である。極論すれば、野球は生きるための手段でしかない。野球選手であろうと、もっとも大きな目的は「生きる」ことなのである。

これまで私は四つのチームで監督を務めてきたが、決まって最初に選手たちに尋ねることがある。

「人間はなんのために生まれてくるのだと思う？」

ほとんどの選手は答えられない。そんなことを考えたこともないという。そこで私は続ける。

「だったら、考えてみろ。一度くらい考えてみるのもいいんじゃないか？　罰は当たらないぞ」

人間は何のために生まれてくるのか――私はやはり、「世のため、人のため」だと思っている。人生と仕事を切り離して考えることはできない。とすれば、人間は仕事を通じて成長し、成長した人間が仕事を通じて「世のため、人のため」に報いていく。それが人生であり、すなわちこの世に生を受ける意味なのである。

であるならば、野球という仕事を選んだ人間は、レクリエーション感覚で野球に取り組んでいいわけがない。全身全霊、全知全能を懸けて対峙してくれなければ困る。

だからこそ私は結果よりも過程、すなわちプロセスを重視する。その意味で、プロフェッショナルの「プロ」とは、プロセスの「プロ」でもあるといえる。プロセスによって、人間は成長するのである。

そう考えれば、野球に対する取り組み方が変わる。取り組み方が変われば、おのずと結果も変わってくる。そして、正しいプロセスを経た結果として眼前にあらわれたもの——すなわち野球でいえばプレー——のすばらしさに人は感動するし、大きな対価を払うのである。まずは全知全能を使って仕事に取り組む。それがプロフェッショナルとしての第一歩なのである。

ロッテの選手を見ると嫌になる

当然、野球に対する取り組み方の如何は、その態度や見た目にまず現れる。

よく知られているように、ヤクルトの監督時代から私は、一貫して選手に対して「長髪・茶髪・ヒゲ」を禁止している。

「ヒゲや長髪・茶髪はなにより目立ちたいという自己顕示欲の現れであり、野球選手は野球で目立つべきであること、真剣に野球に打ち込んでいる選手はそんなことに気を遣う余裕がない」

そういう考えからである。

したがってわが東北楽天ゴールデンイーグルスには茶髪もヒゲ面もいないのだが、ほかのチームの選手を見ると、そういう選手がじつに多い。長髪・茶髪・ヒゲではない選手を探すほうがむずかしいほどだ。

はっきりいうが、なかでもとくにひどいのが千葉ロッテマリーンズの選手たちである。彼らを見ると、私は暗澹《あんたん》たる気持ちになる。ロッテの選手たちは、一二球団でもっともだらしがない。

ロッテの選手に長髪や茶髪が目立つのはご承知の方が多いと思うが、加えて彼らは練習の際、ユニフォームではなく、Tシャツに短パンでやっていることが多い。しかも、試合前のノックでは、すでにお客さんが入っているにもかかわらず、だらだらとちゃらんぽらんな動きを見せている。

「練習なんて関係ない、試合に勝てばいいではないか」

そう思われるかもしれない。もしかしたら、ロッテの選手たちもそれが「プロらしくてカッコいい」と思っているのかもしれない。「ふだんは遊んでいるように見せて、試合では見違えるようなプレーをするのがプロだ」というふうに……。

だとしたら、とんでもない誤解である。

仮にあなたもそのように思っているとしよう。そして、あなたが組織に所属する会社員だったとする。では、あなたははたして裸で出勤するだろうか。よしんばしたとして、それが許されるだろうか。上司や同僚、取引先の人たちはどう思うだろうか。

同じことである。野球選手であろうと、おのずとマナーや常識が問われるのである。野球選手にとってグラウンドは仕事場であり、そこではユニフォームが正装なのだ。

そもそも試合前のノックは何のためにあるのか。ファンサービスのためだと私は思っている。試合前に数球ノックを受けたからといって、練習になどならない。とすれば、あれはファンにプロの妙技を披露する場なのである。吉田義男さん、鎌田実、三宅秀史《みやけひでし》さんの黄金の内野陣を擁していたころの阪神のノックは、それは見事なものだった。まさしくショウだった。ノッカーを務めていた藤村富美男さんがあらかじめ打つところを決めておき、阿吽《あうん》の呼吸で打つから、守るほうの動きも派手。ノックで観客が大いに沸いたものである。

つまり、試合の前から「仕事」ははじまっているのだ。プロであるならば、ちゃらんぽらんにやっていいわけがない。

メジャーの悪影響なのか、最近はユニフォームのパンツの裾をだらしなく伸ばしている選手も目立つ。非常に見苦しいと感じているのは私だけではないはずだ。

さすがにロッテ球団も気がついたようで、二〇〇九年から二軍選手にはそうしただらしない恰好を禁止したようだが（記者たちにもジーンズ禁止、ジャケット着用を求めたという）、プロ野球はファンあっての商売。ファンに気持ちのいい感動を与えるのがわれわれの責務なのである。ましてやファンに不快感を与えるようなことがあっては絶対にならない。

「高校野球がどうしてあんなに人気があるのか考えてみろ」

ミーティングで私は選手に問いかけることがある。あたりまえの話だが、高校生の野球はプロに比べればはるかに稚拙だ。技術やパワーでは比較にならない。にもかかわらず、広い甲子園球場を満員にし、あれだけ日本中を熱狂させる。「その理由を考えてみろ」と選手たちに問うてみるわけだ。

やはり一所懸命さなのだ。人間がもっとも美しく見えるとき――それはひたむきに、一所懸命なにかに打ち込んでいるときだと私は思う。その姿に人々は胸を打たれる。感動を覚える。だからこそ、人は高校野球に魅せられるのである。

プロであるならば、なおさらだ。高校生以上に一所懸命プレーし、かつ高校生よりはるかに高い技術を披露して人々を感動させなければならない。ファンはそのためにわざわざ入場料を払い、球場に来てくれるのだ。そう考えれば、どうして短パン姿でだらだらとノックを受けられようか。そんな姿を見せては申し訳ないと思うのが当然ではないのか。

一二球団きっての名門である巨人軍も、やはりヒゲを禁止している。ヒゲがトレードマークだった小笠原《おがさわら》道大《みちひろ》も移籍後はスパッと剃った。これは「巨人軍は常に紳士たれ」という創始者・正力《しょうりき》松《まつ》太《た》郎《ろう》氏の考えによるものであり、それはおそらく野球選手は野球選手である前にひとりの社会人でなければならないという考えからきているのだと私は思う。

プロ野球選手は子どもの憧れである。当然、子どもたちは選手の真似をする。選手たちがだらしない恰好で、ちんたらちんたらプレーしていれば、そうするのがカッコいいと信じてしまいかねない。

いい換えれば、われわれは子どもに対する責任を負っているのである。子どもたちの手本となる存在であらねばならない。プロとして飯を食っている以上、どんなときでもそのことを自覚していなければならないのだ。

イチローはプロではない？

その意味で私は、イチローを認めない。

たしかに彼の技術は非の打ちどころがないし、実績も文句のつけようがない。野球に対する取り組みだって、すばらしいものがある。その意味では文句なしにプロと呼べる。

ただ、彼はデビューしたころから「いい恰好をしよう」という意識がそこかしこに見え隠れしていた。たいしてまぶしくないときにサングラスをかけたり、打席でピッチャーと対峙するとき、右手でバットを掲げる仕草も、フォームを固めたり、集中したりするための儀式というより、「かっこよくやりたい」という気持ちの現れだと私は見ている。

とくに、あのヒゲがいただけない。前述したように、ヒゲや茶髪は自己顕示欲の現れだ。それに、アメリカでも名門のニューヨーク・ヤンキースではヒゲを禁止している。メジャーリーグでも、強いチームほど細かい規則がある。ヒゲや長髪は禁止。帽子はきちんとかぶり、Tシャツでの練習もダメ、遠征先でのアルコール摂取はビール一杯だけというふうに……。つまり、ファンの考え方や選手を見る目は日本と変わらないのである。

また、イチローは試合後に報道陣のインタビューを受けることもあまりないし、したとしても受け応えがよいとはいえない。彼にいわせれば、「そんなくだらない質問に答える必要はない、ちゃんと勉強してからこい」ということなのだろう。気持ちはわかるが、しかしそれは傲《ごう》慢《まん》というものであり、とりもなおさず報道陣の向こうにいるファンに目がいっていないことを意味する。

ファンの多くにとって、報道はイチローの言動に触れる貴重なチャンスなのである。イチローはそのことに思いを馳せたことはないのだろう。「われわれはファンから給料をもらっているのだ」ということをイチローはわかっているのかと思ってしまう。ヤンキースの松井秀喜がどんなときでもきちんと応対するのとは対照的だ。

それに、イチローの話を聞いても、私にはちっともおもしろくない。というより、参考にならない。彼は天才であるから、「すごいな」とは思わせても、われわれ凡人が参考にできる話がないのである。

まあ、これはイチローの責任とはいえないのかもしれないが、その態度には「わからない奴はわからないでかまわない」という不遜さを感じてしまうのは、私のひがみなのだろうか。

そういえば、こんなこともあった。いつだったかは忘れたが、私がヤクルトの監督だったときのオールスターでのことだ。東京から富山に飛行機で移動することになった。いつも私は一列目の座席を確保してもらっていたのだが、そのときは二列目だった。

「どうしてだ?」

マネージャーに訊くと、「取れなかったんです。誰か偉い人がくるんじゃないですか」

ところが、待てど暮らせど一列目の乗客がやってこない。その飛行機には一般の人も乗っていてみんな待っている。ようやく姿を見せたので誰かと思えば、イチローだった。そのうえ、私の顔を見ても知らん顔。あいさつひとつしやしない。日本シリーズでオリックス・ブルーウェーブ(現バファローズ)と戦うことになったとき、私が彼を批判したのを根に持っていたのかもしれないが、だとしても、社会人として年上の人間にとる態度としていかがなものか。

彼はオリックス時代からいつも勝手な行動をしていたそうだ。ホテルも別なら移動もすべて別。監督の仰木彬が特別扱いを許していたらしい。

イチローはあれだけのスーパースターなのだから、野球人としてはもちろん、人間としての模範になってほしいと思う。少なくとも周囲がどう感じるか、とくに彼に憧れる子どもに対する責任をしっかり認識しなければならない。そうならない限り、いくらすごい成績を残そうと、彼はほんとうのプロフェッショナルとはいえないのだ。

ケガで休むのはプロとしての自覚のなさの現れ

現役の選手のなかで私がもっとも評価しているのは、阪神タイガースの金本知憲である。金本が入ったことで阪神の選手の意識が変わったとよくいわれる。その意味で金本は、私のいう「チームの鑑」であり、真の意味で「チームの中心」となっている。彼はさまざまな点で阪神というチームと選手に好影響を与えているが、なにより彼のすばらしいところは、めったなことでは休まないことだ。金本はほかの選手なら間違いなく休むようなケガを負ったときでも試合に出場する。

「ケガをしていても、いわなければケガではない」

そう考え、ケガを隠してでも、出場にこだわり続けている。その影響で阪神には全試合出場を目指す選手が増えた。

ただ、同時にそのことは、それまでいかに多くの選手がちょっとケガをしたくらいで欠場していたのかという事実を物語っているといっていい。

現役時代の私は、金本と同じようにケガをおしてでも試合に出たものだ。チームの中心である四番に座っている私がかんたんに休んでしまってはチームの士気に影響するという責任感ももちろんあったが、一方で、休んでいるあいだにレギュラーポジションを奪われるのではないかという恐怖感があったことも関係している。というのも、そもそも私がレギュラーの座をつかんだのも、ライバルがケガで休んだことがきっかけだったからである。

ピッチャーはエース以外に何人いてもいい。内野手のレギュラー枠だって四つ、外野手なら三つある。だが、キャッチャーはひとつだけ。試合に出るためには正捕手の座を奪い取るしか方法がないわけだ。

プロ入り三年目のことだ。その年南海はハワイでキャンプを行うことになり、私もカベ、すなわちブルペン捕手として同行を許された。そのキャンプではハワイのチームとのオープン戦が一〇試合ほど予定されていた。当時の正捕手は松井淳さんだったが、肩を痛めており、欠場を余儀なくされた。当然、代役となるのは私より二年先輩の第二キャッチャーであるはずだったのだが、その選手はキャンプ中――このキャンプは、前年の優勝の褒美を兼ねたものだった――毎晩スター選手たちと遊び歩いていた。それで鶴岡監督の心証を悪くし、私にチャンスが回ってきたのである。

ハワイのチームは二軍より少し強いくらいだったから、当時の私には絶好の相手だった。私は三割以上の打率を残し、ハワイ野球協会主催のさよならパーティで、新人賞を頂戴した。これがきっかけで私は鶴岡監督の信任を得、レギュラーへの足がかりをつかんだのだ。もし松井さんがケガをしていなければ、いまの私はなかったかもしれない。少なくともレギュラーになるのははるかに遅れていたはずだ。あとで松井さんもいっていた。「肩が痛いなどいわずに、出場していればよかった」と……。

そんな経験があったから、私はケガで休むのが怖かった。だから、骨折以外では休まなかった。いや、骨折しても出場したことがある。まだレギュラーになってそれほど月日がたっていないころ、左手親指を骨折した。病院で特製のギプスをつくってもらい、それで指をサポートしたのだが、痛みがおさまるわけがない。ピッチャーの球を受けただけでビリッとくるし、バットを振るのにも難儀した。とくに空振りしたときは激痛が走った。

それでもケガをしていることは誰にもいわなかった。「休め」といわれるのが怖かったのである。松井さんだけは知っていたようだが、「おまえには負けたよ」といって、周囲には黙っていてくれた。

バッターのファールチップが喉を直撃したときも呼吸ができず、死ぬかと思ったが、それでもマスクをかぶり続けた。また、あるときには左足をスパイクされて、九針ほど縫うケガを負った。縫った糸のあいだから肉が盛り上がっていた。だが、私は病院から戻ると屈伸運動をはじめた。

「痛くないの？」

妻に訊かれたが、痛くないわけがない。だが、その日のうちにやっておかないと、明日はもっと痛くなる。縫った患部が固まってしまい、動かそうにも動かせなくなるのである。飛び上がるほど痛いが、いま曲げたり伸ばしたりしておけば、縫合箇所に少し余裕ができて動かすことができる。だから、脂汗を流しながら私は屈伸を続けた。

そうした「休んだらレギュラーを追われる」という恐怖感は、金本も同じだったという。まだ若手のころ、金本はケガが多く、そのせいでレギュラーを何度もつかみそこねた。その悔しさと怖さがあるから、ケガを隠してでも出場するのだと彼は語っている。

逆にいえば、金本以外の選手はかんたんに休みすぎるのだ。たしかに、ケガをして出場してもチームに迷惑がかかるかもしれないし、無理をしたせいで、選手寿命を縮めるおそれもある。だから私だって、なにがなんでも出場しろとはいわないし、させるつもりもない。

けれども、それくらいの気迫は見せてほしいと思う。昔の選手はみなそれくらいの気概を持っていた。私に限らず、多少のケガでは休まなかった。

金本はいっている。

「ケガと故障は違う。ケガはデッドボールのような不可抗力で起こるもの。故障は自分の準備が足りないで負うものである」

だからこそ、「故障」であるならば、彼はそれをおして出場してきたのである。金本がいうところの「故障」で休むのは、彼にいわせれば、自分の恥を、プロとしての自覚のなさを、さらけ出すことにほかならないのだ。つねにそういう気持ちで野球をやっていれば、おのずとふだんの健康管理や身体のケアにも気を遣うようになるし、そうなれば夜遊びの回数も減るのではないか。

都合よくメジャー流を貫くエースたち

「すぐに休む」という点では、ピッチャーも同様だ。

いまのエースと呼ばれるピッチャーは、ほとんどが中六日、つまり一週間に一度しか登板しない。しかも、一〇〇球投げると、「限界です」と本人からいってくる。彼らにいわせれば、肩は消耗品で、現にメジャーではそれ以上は投げさせないそうだ。

たしかにメジャーのピッチャーは一試合一〇〇球が目安になっている。しかし、その代わりにきっちり中四日のローテーションを守っている。日本より登板機会ははるかに多いのだ。しかも、移動の過酷さは日本の比ではない。

要するに、都合のいいところだけ〝メジャー流〟なのである。一週間に一度しか登板しないのに、なぜメジャーのピッチャーと同じように一〇〇球程度で限界になるのか。「一〇〇球で代えてやるから、その代わり中四日で行け」といってやりたいこともしばしばだ。

それに、そもそも完投したら六日休まなければ回復しないという科学的根拠は何もないらしい。いまの日本のピッチャーは――コーチや監督も含めて――ただ楽なところだけメジャーの真似をして、盲信しているだけなのである。楽で悪いことばかり輸入しているのだ。

だいたい、いまの選手はケガの状態を自分で診断することができない。この程度ならプレーできるのか、それとも無理なのか、すべて医者の診断任せなのである。医者を信用しないのでも、責めるのでもないが、私の経験上、医者はおおげさな診断をすることが多い。たとえ三日で治るケガであっても、医者は全治一週間、もしくは十日と診断する。責任があるからだ。万が一、期間内に回復しなかったときに、信用問題に発展するからである。

「病は気から」というが、医者にそういわれると、いまの選手は「相当ひどいんだな」と思い込んでしまう。はたから見ると治っているように見えても、本人は無理だと決めつけてしまう。痛みには個人差があるし、いくら私が「いける」と判断したとしても、本人が「ダメです」といえば、それ以上無理強いはできない。

「医者に見せるな」といっているのではない。それどころか、医者の判断は仰がなければならない。そうではなくて、選手の気持ちの問題をいっているのである。

私は思う——彼らは何のために野球をやっているのかと。休んでしまえば、どんな一流選手であってもレギュラーを失うおそれが多分にある。そうすれば出番が減り、給料も下がる。最悪クビを宣告されかねないのである。それがおそろしくないのかと……。この世界は休んだら損だと思うのだが、どうやらいまの選手は無理をして出るよりも、休んだほうが得だと考えているらしい。

むしろ、外国人選手のほうに気概を感じる。楽天ではリック・ショートという選手がそういうタイプだ。あるとき肉離れをおこして、私もその痛さは知っているから「無理しないで休め」といっても休まなかった。

理由を聞いてみると、じつは彼も若いとき、せっかくとったレギュラーをケガで休んだことが原因で奪い取られた経験があるのだという。二〇〇八年に首位打者を獲得できたのも、そうした彼の強い気持ちもおおいに関係しているはずだ。

よほどの鳴り物入りで入団した選手か、すでに高い実績を残している選手は別として、外国人選手は成績が悪ければ即、お払い箱だ。成績を残すには、まず試合に出なければならない。

だから必死になる。そこがいまの日本人選手と違う。

ただし、日本人選手がそう思うのも無理がない面もある。じつは私も球団とよく話し合う必要があるとは思っているが、いまの選手の評価基準は、たとえば野手なら何試合に出場したかよりも、打率やホームランといった数字のほうが高くなる。だから、無理をして出場してケガを悪化させるより、少しくらい休んだほうが得だと考えるのだ。

私は、試合数のほうが評価されてしかるべきだと思う。そのほうがよほどチームに対する貢献度は高いのではないか。そのうえで数字が考慮されるべきだと思うのだが、それを差し引いても、いまの選手はたしかにケガに弱い。彼らは次の金本の言葉を聞いて、どう感じるのだろうか。

「一シーズンで一三五試合に出たとしても、残りの休んだ試合のことを思うと、すごくサボッている気がしてしまう。出ようと思えば出られるのに、出ないのは、仕事を放棄しているように感じてしまう」

名誉より金

毎年七月に一試合だけ開催されるメジャーリーグのオールスターゲームは、独特の雰囲気を持っている。メジャーのオールスターゲームが生まれたのは、リーグが違うためワールドシリーズに出場しない限り対戦することのないヤンキースの主砲ベーブ・ルースとニューヨーク（現サンフランシスコ）・ジャイアンツのエース、カール・ハッベルという選手の対決が見たいという、ひとりの少年の投書がきっかけだったというが、それだけにいまだファンにとってはもちろん、選手にとっても憧れの場となっている。「ミッドサマー・クラシック」、すなわち真夏の祭典と呼ばれる所以《ゆえん》である。

日本でもオールスターは、かつては文字どおりの〝夢の球宴〟であった。一年に一度、両リーグを代表するスター選手が出場し、力を競い合った。そこに出場するのはプロ野球選手にとって最高の名誉であり、みな奮い立った。だからこそ、江夏豊の九連続奪三振のような伝説も数多く生まれ、ファンもそれを期待し、楽しみにした。

私自身、人気のないパ・リーグに在籍していたから、すべてのプロ野球ファンの注目を浴びるオールスターでは「セ・リーグに負けてたまるか」とおおいに闘志を燃やしたものだ。当時〝人気のセ、実力のパ〟といわれたのは、そういう意識も大きく影響していたように思う。

私たちにとってオールスターは――もちろん、「魅せる」ということ、ファンサービスの場であることは充分に認識していたが――まさしく〝真剣勝負の場〟でもあった。

その意味で思い出深いのは、稲尾和久との〝対決〟である。西鉄ライオンズ（現埼玉西武ライオンズ）の大エースだった稲尾と私は、オールスターでよくバッテリーを組んだ。が、稲尾のボールを受けたときは、不思議と相手バッターの印象はほとんどない。というのは、私はバッターではなく、稲尾と対峙していたからだ。

南海がパ・リーグで優勝するためには、稲尾を攻略することが絶対条件だった。ところが、四番を打っていた私は、稲尾を苦手としていた。ほかの投手のように配球の傾向やクセが見抜けなかった。だから、オールスターの舞台を利用して、セ・リーグのバッターそっちのけで、なんとかして稲尾攻略の糸口を探ろうとしたのである。

それは稲尾も同様だったに違いない。我々はおたがいの手口を時には隠しながら、時には明かしながら、裏をかき合い、化かし合いながら、たがいの思考を探り合った。バッターのことを考えている余裕などなかったわけだ。

話がやや脱線したが、それほど私たちの世代の選手にとって、オールスターは大きな意味を持っていた。

ところが、オールスターはいつしか単なる「お祭り」に成り下がってしまった。

一九九六年だったと思う。巨人の松井秀喜に打順が回ってきたとき、パ・リーグ監督の仰木が、野手であるイチローをマウンドに立たせたことがあった。そのときセ・リーグを指揮していた私は、代打にピッチャーの高津臣吾を送った。

「オールスターという場で野手をピッチャーに起用するなどということは、打者に対する最大の侮辱だ、またオールスターゲームを何と心得ているのか」

そう感じたからである。松井に「どうする」と尋ねたら「できたら変えてください」と返答した。

そんなことをしているから、選手にとっても、オールスターはいまや憧れではなくなってしまった。もっといえば、遊びの場になってしまった。そのため、出場することに魅力も感じられなくなってしまい、選手にとって誇りでも名誉でもなくなって、辞退する選手も出はじめている。

いつだったか、私がセ・リーグの監督を務めることになったときのこと。ひとりの選手がなにかの事情で出場できなくなり、代わりの選手を補充する必要が生じた。私はある内野手に声をかけた。すると、その選手はケガもしていないのにこういった。

「お断りします」

「なぜ?」と、聞き返す気にもなれなかった。オールスターに出られることになって、その選手は当然喜ぶだろうと私は思ったのだが……。私など出場したくて田舎の後援会に、「ファン投票で私にどんどん投票してください」と頼んだほどである。だから、その選手に断られて驚くと同時に、「ああ、もうオールスターはその程度の存在なのだな」と寂しく思った記憶がある。

オールスターではないが、こういうこともあった。二〇〇六年の日米野球で、私は日本チームの監督という栄誉に浴したのだが、なんと二五人の選手が出場を辞退したのである。

信じられなかった。巨人の選手はいない、中日もいない、日本ハムもいない。日本ハムで唯一出場してくれた小笠原道大が私のところに試合が終わってあいさつに来て、「申し訳ありません、力になれなくて……」と謝ってくれたのが唯一の救いだったが、私は愕然としたものだ。辞退の理由は、シーズンの疲れとかいうものがほとんどだったが、日米野球はたった五試合。終わってからでも充分休めるではないか。

そのとき、あらためて思った――「いまの選手にはオールスターや日米野球に出ることなど、なんの名誉にも感じていないのだ……」

今回の第二回WBCでさえ、中日ドラゴンズの選手をはじめ、辞退者が続出した。彼らにとっては「名誉より金」なのだろうと勘ぐりたくなった。

私の現役時代は、オールスターに出てもギャラなんか出なかった。それでもみんな出たがった。なによりその場にいられる「名誉」を重んじていたからだ。オールスターに出場することは、一流選手の証であり、自信にもなるだけでなく、周りからも認めてもらい、全国に自分の名前と顔が売れることになるからだ。

いまはオールスターに出場すれば一試合で一〇万円程度はもらえるはずだ。が、その程度の金額のために真剣にプレーしてケガでもしたらシーズン後半戦に響く。そうすれば給料は下がってしまう。それが嫌なのだろう。名誉など、それこそ〝屁のつっぱり〟にもならないらしい。判断基準のレベルが「損か得か」になっている。そこまで低下してしまっているのである。

細く長く――選手のサラリーマン化

昔の選手は「意気に感じる」ところがあった。

かつてのエースは先発完投するのが当然。大事な試合であれば、完投した翌日にリリーフで投げることも日常茶飯事だった。監督から「行け」といわれれば、意気に感じてチームのために投げた。

南海で私とバッテリーを組んでいた杉浦忠は、ルーキーイヤーから二七勝をあげ、翌一九五九年には三八勝、日本シリーズでは巨人相手に四連投四連勝したことで伝説となっているが、彼はその年に限らず、優勝争いをしているときにはそれこそ毎日のようにマウンドに立っていた。

疲れていないわけがない。肩や肘に張りを抱えていたこともあった。だが、彼は弱音ひとつ吐かずに、鶴岡監督の要請に快く応え、連投に耐え抜いた。味方がリードすれば、黙ってブルペンに向かった。

西鉄の稲尾にしても、一九五七年から三年連続三〇勝をマークし、一九六一年にはなんと七八試合に登板して四二勝をあげている。一九五八年の巨人との日本シリーズでは五連投を含めて七試合中六試合にマウンドに上がり、三連敗からの逆転優勝の立役者となっている。結果、〝神さま、仏さま、稲尾さま〟と呼ばれることになった。

むろん、連投することがいいというのではない。杉浦も稲尾もそれがもとで選手寿命を縮めてしまったし、いまのピッチャーに同じことをしろなどというつもりは毛頭ない。

けれども、そうした気迫が周りの選手をも奮い立たせ、チーム団結力を生み、プレーに迫力を生じさせたことは事実であるし、それが多くのファンの感動を呼んだに違いない。

エースであるならば、中心選手であるならば、チームのために意気に感じるのは必要な資質ではないかと思う。中心選手がそうすることで、どれだけチームが鼓舞されることか。その意味で、いまの球界に真のエース、真の四番と呼べる選手がどれだけいるだろうか。

「いまの野球は迫力がなくなった」とよくいわれるし、私も感じないわけではないが、それには選手が総体的に「太く短く」より、「細く長く」という考え方をするようになったという現実も影響していると思う。いわばサラリーマン化――サラリーマンの方には失礼ないい方になるかもしれないが――したから、という部分が少なくないと感じるのである。

どうも江川卓《えがわすぐる》あたりからそういう傾向が強くなったのではないかと私は見ているが、極端にいえば、いわれたことしかやらない、無理してまで働きたくない、給料のぶんだけ働けばいい、できれば無茶はしたくない……そんな考えの持ち主が増えたように見えるのだ。それが迫力を失わせてしまったのではないかと――。

よくいえば、いまの選手は非常にまじめだともいえる。だが、私にいわせれば、まじめすぎるのだ。その点、昔の選手はよく遊び、よく働いた。野武士集団といわれた西鉄ライオンズなど最たるものだ。

もっとも、私は「彼らを見習え」などとは口が裂けてもいわない。私自身、むしろ嫌悪していたというか、彼らを反面教師にしていたほどだ。

しかし、選手にこういうことをいった覚えがある。

「もっと女を口説け」

あながち冗談ではない。まじめな話だ。というのも、女性を口説くという行為は、野球に通じるものがあるからだ。

女性を口説くには、ただやみくもに迫ればいいというわけではない。それなりの作戦が必要である。女性を振り向かせるには、相手の性格はもちろん、好みや嗜好などさまざまな情報を集め、分析しなければならない。そのうえで、心理的にもどうすればこちらになびいてくれるか、最善と思われるやり方で口説かなければならない。そして実際の相手の反応や態度などから心理を読み、もっとも成功する確率が高い作戦を選択しなければ、そう簡単にいくものではない。

これ、まさしく野球と同じである。ピッチャーがバッターに対して、バッターがピッチャーに対して攻略法を考えるのと変わらない。マメでなくてはモテないというが、それは言葉を換えればそれだけ研究熱心であるということなのである。

江夏の心に突き刺さった口説き文句

女性ではないが、そうやって私が口説き落としたのが江夏豊だった。江夏が江本孟紀《えもとたけのり》らとの複数トレードで阪神から南海に移籍してきたのは一九七六年だったが、球団同士では合意ができていたものの、江夏本人は「阪神を出るくらいなら、ユニフォームを脱ぐ」といってなかなか「ウン」といわなかった。そこで南海の監督である私が直接交渉に乗り出すことになった。

その日、私はどう口説けば江夏が乗ってくるか、一晩中考えた。出てきた結論はこうだった。

「『南海に来い』という言葉は口にしない。江夏に〝南海で野村と一緒に野球をやろう〟と思わせよう」

江夏は超一流の選手である。野球を愛しているし、深く広く学びたいという欲求も人一倍持っている。そして理解も非常に深い。そこをくすぐる話題を振れば、絶対に私を信頼し、なびいてくるはずだと思ったのである。また江夏は正義感が強く自尊心の高い性格であることも知っていた。

夕食を兼ねての三時間におよぶ江夏との話し合いは、野球論に終始した。なかでも江夏の胸に突き刺さったのが、前年の広島東洋カープ戦で、一死一、二塁のピンチで迎えた衣笠祥雄をカウント二―三から空振りの三振にしとめ、三塁に走ってきたセカンドランナーを刺してダブルプレーに切ってとったプレーに対して私がいった言葉だった。私はそのプレーをたまたま見ていたのだが、こういったのである。

「あの二―三からの一球、わざとボール球を投げただろう」

江夏の目がキラッと光ったのを、私はいまでも憶えている。その瞬間、私は「江夏は南海に来る」と確信した。

「どうしてわかったんですか？　そんなことといわれたの、はじめてですよ」

江夏はそういって驚いた。以降、われわれは急速に打ち解け、和やかなムードで会話が弾んだ。そして別れ際である。最後に私はとどめのひと言を用意していた。

「一度でいいから、おまえと野球をやってみたいもんだ。おまえが投げて、おれが受ける。これは芸術になるぞ」

江夏はニヤリとしただけだったが、それはＯＫの意思表示に違いなかった。事実、それからほどなくして江夏は南海への移籍を承諾したのである。

第二章　全知全能を懸けてこそ弱者は強者になる

野球選手も草食系？

近頃は、〝草食系男子〟が増えているそうだ。彼らは、男女関係に限らず、ガツガツすることを好まず、背伸びすることを嫌うらしい。

野球選手にもそういう〝草食系〟が増えてきているのかもしれないと私は思う。というのは、女性に対しては知らないが、こと野球に対して、探究心や向上心が薄れているように見える。総じて昔の選手に比べると取り組みが淡白になっているように思えてならないのだ。

最近の選手は、なにかにつけて「楽しみたい」という言葉を口にする。いわく「オリンピックを楽しみたい」「オールスターを楽しみたい」というように……。

それは決して悪いことではない。私だってオールスターはなにより楽しみだったし、日米野球に出場するのも楽しくてしかたがなかった。それ以上に、野球ができること自体が楽しかった。

しかし、私のいう「楽しみ」と、いまの選手が口にする「楽しみ」は、微妙に異なっているように感じられてならない。

英語では「楽しみ」を表す言葉として「ＥＮＪＯＹ（エンジョイ）」と「ＦＵＮ（ファン）」

のふたつがある。日本語ではどちらも「楽しみ」と訳されてしまうのだが、じつはこのふたつは違うのだという。「ファン」とは、趣味に代表される文字どおりの楽しみ。対して「エンジョイ」は、「持てる力のすべてを出し切る」という意味が含まれるらしい。全力を尽くしたという充実感があるからこそ、「楽しい」のだ。

プロ野球選手が仕事である野球に対して「楽しむ」という言葉を使う場合、当然「エンジョイ」の意味でなければいけない。ところが、いまの選手の多くは、「楽しむ」を「ファン」と誤解しているような気が私にはしてならないのだ。だとしたら、そんなものは、プロ野球ではない。趣味でやる草野球であり、それではなにより入場料を払って、文字どおり楽しみに来てくれる「ファン」に対して失礼である。

現役時代、私は何度も壁にぶちあたった。元来が不器用だから、思うようにいかない状況に陥り、悩み苦しんだことは数知れない。そんなときは、「なんとかしなければ」と必死にもがいた。

けれども、それを苦労と感じたことはなかった。むしろ「楽しかった」。私にいわせれば、苦労とは「しなくていいことをして苦しむ」ことをいう。少年時代、早くに父親を亡くした私が、新聞配達やアイスキャンディ売りをしたりして貧乏な家計を助けざるをえなかったようなことをいうのである。

けれども、野球は強制的にやらされたわけではない。みずから望んで私はプロ野球の世界に身を投じた。プロ野球選手はあこがれの職業だった。であるならば、いくら思いどおりの結果が出なくて苦しんでも、それを「苦労」と呼ぶのはおこがましい。野球のことだけしか考えなくていい状況に身を置き、没頭できるのだから、どんなにつらくても私には「楽しかった」のである。それが真のプロフェッショナルだと思うのだ。

だから、いまの選手が、すべてを野球に捧げることが「楽しい」というのなら、それはすばらしいことだ。だが、どうも私にはそのようには見えない。現役選手の諸君は、ほんとうに自分が野球を「楽しんでいる」のか、いま一度考えてみるのもいいのではないか。

バッティングピッチャーで制球力を身につけた稲尾

稲尾というピッチャーは、球速という点ではそれほどではなかった。スピードガンではかれば、一四五キロ程度だったのではないか。だが、実際にバッターボックスに立ってみると、非常に速く感じた。

いまの球界でいちばん速い球を投げるのは、巨人のクルーンだろう。たしかにスピードガンでは一六〇キロを記録している。しかし、私も彼の投球をうしろで見たことがあるが、それほど速くは感じなかった。稲尾のほうがはるかに速い感じがした。

稲尾はたしかに数字ではそれほどの球速ではなかったかもしれない。だが、バッターには一五〇キロ以上に匹敵するほど速く感じさせた。ボールにキレと伸びがあったからである。

稲尾のボールを受けると、キャッチャーのミットはボーンと上に上がる。対してクルーンの場合はミットが落ちる。かんたんにいえば、稲尾のボールはキャッチャーの手元で伸びたから、目測よりも浮かび上がる。クルーンのボールは手元で沈んでしまうわけだ。ミットは絶対に嘘をつかない。キレと伸びがある球を受ければ「パーン」といい音がするし、死んだボールだとブシュッという音がするのである。稲尾の音は「パーン」と快い音をミットに響かせた。

が、稲尾の最大の武器となっていたのは、じつは正確無比なコントロールだった。稲尾はどコントロールのいいピッチャーを私は見たことがない。私は何度も彼のボールを受けたことがあるが、構えたところからミットをほとんど動かすことがなかった。まさしく針の穴を通すようだった。

当時、阪神の小山正明さんも精密な制球力で知られていたが、稲尾はそれ以上だったと私は思っている。彼はアンパイヤを味方につけた唯一のピッチャーだったからだ。

彼はまず､外角低めギリギリにストレートをズバッと投げ込む。それを審判が「ストライク」とコールすると、次はボールひとつぶん外に広げて投げる。審判がまたも「ストライク」と判断すれば、「これはどうだ？　これならどうだ？」とさらにボールひとつぶんずつ外にずらしていって、その日の審判のストライクゾーンを確認する。「稲尾はコントロールがいい」という先入観が審判にはあり、しかもキレと伸びがいいから、ついボールまでストライクとコールしてしまう。そうやって彼は審判を味方につけて、ストライクゾーンをふつうより広げていってしまうのだ。そんな芸当ができたのは、あとにも先にも稲尾だけだろう。

ところが、じつは高校時代の稲尾はノーコンだったのだという。球は速いが、フォアボールにエラーがからんで負けることが多かったそうだ。そんな稲尾がコントロールの重要性に気づいたのは、プロ入りしてすぐのことだった。同期入団に稲尾より速いボールを投げるピッチャーがいて、「スピードではあいつに追いつけない。勝つためにはコントロールが必要だ」と思い知ったのだ。

では、稲尾はどうやって「針の穴を通すほどのコントロール」を身につけたのか。

入団当時の稲尾は、それほど高い評判のピッチャーではなかった。それでバッティングピッチャーをやらされることが多かったという。バッティングピッチャーだから、スピードはある程度犠牲にして、まずはストライクを投げなければならない。

けれども、あまりにストライクばかりだと、これもバッターからは喜ばれない。打ち疲れてしまうからだ。そのため、練習では三球ストライクを投げたら、一球はボールを投げるのが理想的とされていた。稲尾はこの一球を自分のための練習に使ったのだという。

つまりこういうことである。三球続けて真ん中にストライクを投げたら、次の一球は外角低めにボールを投げる。また三球真ん中に投じたら、今度は内角高めにボールを投げる。こうやって狙ったところに投げる練習を積んだのである。

当時、稲尾はバッティングピッチャーとして一日五〇〇球近く投げたらしい。ということは、そのうちの四分の一、つまり一二〇球程度を自分のための練習に使えることになる。稲尾のコントロールは、こうした工夫から生まれたのだ。

満足は成長への最大の敵

稲尾に限らず、昔の選手は野球に対して〝肉食系〟だった。ガツガツと貪欲に自分から野球に取り組んだ。戦中戦後の貧困した時代だったがゆえに、みんながハングリー精神を持ち合わせていた。

私は自分をとても不器用だと思っていたから、努力するしかないと思い、誰よりもバットを振った。一軍に上がり、壁にぶつかってからは、ただバットを振るだけでなく、相手バッテリーの配球やクセを研究し、バッティングに役立てようとした。当時データを活用している選手などほかにはまったくいなかったはずだ。

キャッチャーとしては「一日三ゲーム」を自分に課していた。

まず球場に入ったらイメージのなかで自軍の先発ピッチャーを相手バッターと対峙させる。「一球目はこのコースから入って、次はこの球でストライクを取る。勝負球はこれだな……」というふうに、一回から九回まで相手バッターの攻略法を考えながらイメージしていくのである。二試合目はもちろん、グラウンドでの実際の戦いだ。だが、私はこれだけで終わらなかった。試合後にもう一度実際の試合を最初から最後まで検討し直すのである。

イメージのなかの試合と現実の試合は違う。思いどおりにいくことは絶対にない。「どうしてイメージどおりにいかなかったのか」「何が原因で打たれたのか」「どこで配球を間違ったのか」というようなことを、スコアブックを見ながら一球一球洗い直していった。当時、妻がよく「あんた何をぶつぶつ独り言いってるの」と問うてきたものだ。

「ちくしょう。このカーブを狙われたのは、ここに伏線があったのか」

「あの真っ直ぐは甘かったけど、狙いが逆だったんだろうな」

「ここはピッチャーのクセを読まれたんじゃないか。もしかしたらサインを盗まれたのかもしれん」

「あそこはストレートではなく変化球を投げさせていたらどうなっていただろうか」

そんなことを念入りに検討するものだから、ゆうに一時間以上はかかった。

「自分の力はこんなものではない。もっとやれるはずだ」

私は理想を目指して、予測野球、実践野球、反省野球を繰り返し、一日中ガツガツと貪欲に野球に取り組んだ。そんな現役時代の自分と重ねるから、よけいにいまの選手は野球に対する取り組み方が甘いのではないかと感じられてならないのだと思う。

伸び悩んでいる選手には共通点がひとつある。それは、「自己限定」をしていることだ。「自分の力はこんなものだ」「これくらいやればいいや」「これ以上無理だ、目一杯だ」などと自分で勝手に思い込んでいるのだ。そこで聞いてみれば、

「いや、そんなことはありません」

ほとんどの選手はこういうだろう。だが、少なくとも私にはそう見える。

なぜか――彼らが「満足」してしまっているからである。

プロ野球の世界に身を置いている限りは、人並み以上の生活ができる。プロ野球選手という肩書きがあるから、周囲がちやほやしてくれる。だから、「自分はそこそこやれているし、この程度でいいじゃないか」と満足し、低いレベルで「妥協」してしまう。プロにとって、「満足は最大の敵」なのである。「満足」が「妥協」を生み、「これで精一杯だ」という「自己限定」につながってしまうのだ。

そうなると、当然それ以上の努力を厭《いと》うようになる。それではせっかくいい才能を持っていたとしても、もはや成長することは不可能だ。それで伸び悩んでしまう。

しかし、プロの世界に入ったということは、あくまでもスタートラインに立ったということに過ぎない。到達点ではないのである。

ところが、選手の多くは少年時代から憧れてきたプロ野球選手になれたというだけで、達成感を抱き、そこを終着点と考えてしまいがちだ。その時点で「満足」してしまって向上心を失い、持てる素質すら開花することなしに終わってしまうのではないだろうか。

私は、大金を稼いで貧乏生活から抜け出し、私に野球をやらせてくれた母や兄に恩返しをしたいということからプロを目指した。それでなんとか南海のテストを受けて、入団することができた。

だから、とてもじゃないがプロに入った時点で「満足」することなどありえなかった。なんとしても一軍に上がり、レギュラーにならなければならなかった。そうでなくては家族を楽にはできない。満足→妥協→自己限定など、私にはありえなかったし、プロ野球に身を置く以上禁句であった。

わが家の近所に越して来てまで野球に取り組んだ柏原

私が南海の監督を務めていたころその南海に入団し、その後日本ハムで四番を打った柏原純一という選手がいた。その柏原が高卒で入ってきたとき、ある評論家が彼を評していった。

「ようあんなのとってきたなあ。とてもプロでは使えんで」

だが、私は彼を買っていた。柏原の同期入団には、箕島高校時代に甲子園のスターとして人気を博した島本講平がおり、キャンプで大勢のファン、マスコミに囲まれているなかで、あるコーチが島本を熱心に指導していた。すると、柏原がどこからともなくやってきて、じっとコーチの話を熱心に聞いているのである。それで「こいつは見どころがあるな」と思い、以来目をかけるようになったのだ。

私の期待どおり、柏原は三年目には一軍に定着し、翌年にはかなりの活躍を見せた。ところが、そこで壁にぶつかり、不振に陥った。

私は柏原に意見をしようと考え、ある日、試合が終わったあと、彼の自宅を訪ねた。ところが彼はまだ帰っていなかったので、まだ新婚だった奥さんと雑談をしながら帰りを待っていた。そこへ柏原から電話が入った。どうやらアルコールをきこしめしているらしい。

「ちょっと代わってください」

そういって私は電話に出、怒鳴りつけた。

「どこをうろうろしているんや。早く帰ってこい!」

すると柏原はこういったのである。

「おまえは誰や!」

「何を寝言いっているんだ。おれの声すらわからんのか! 監督じゃ。とにかく早く帰ってこい!」

びっくりして大急ぎで帰ってきた柏原に、私はいった。

「プロにはホップ・ステップ・ジャンプの三つの段階がある。ホップはプロ入りしたばかりで何もわからない卵の状態。ステップはプロの厳しさに直面した段階。そしてジャンプがいよいよ一軍に上がり、レギュラーをつかめるかどうかの時期だ。おまえはいま、まさにジャンプの段階にある。この時期は、朝から晩まで、もっといえば眠っているときでも野球のことだけを考えていなければならない。ここを通らなければ、絶対に一流にはなれないぞ」

当時の柏原は、一軍に上がって「満足」しているように見えた。このままでは才能を開花させられずに終わってしまう可能性があった。だから私は、そういって彼を諭したのである。

彼の奥さんから私の妻に電話がかかってきたのは、それから二、三日後のことだった。柏原夫人はこういった。

「監督さんの近くに引っ越したいのですが。主人を朝から晩まで野球づけにさせたいのです。ふたりで相談して決めました。なんとかよろしくお願いします」

ちょうど住んでいたマンションの隣が空いていたので紹介すると、一週間もたたないうちに柏原は引っ越してきた。そのマンションの隣には江夏が住んでいたので、球場に出かけるのも帰ってくるのも三人一緒ということが自然と多くなってきた。わが家で野球談義に花を咲かせることも少なくなかったし、柏原が「ちょっとバッティングを見てください」とやってくることも珍しくなかった。そんなときは二時間近くもバットを振ることがしょっちゅうだった。

その二年後に私は監督を解任されたのだが、そのとき、江夏と柏原の二人が「監督を解任させるようなチームで野球なんかしたくありません」といって私と一緒のチームへ行きたいと訴えてきた。そんなとき、ロッテ球団からオファーがあり三人で行こうとしたのだが、当時の金田正一監督が「江夏と野村だけ」といって来た。「柏原もお願いします」と申し出たら、「柏原ってどんな選手や」といって乗り気ではなかったので、よく考えた末、私一人でロッテへ行くことを決心した。

江夏にはこういった。

「お前はお客さんの少ないパ・リーグは合っていないと思うよ。やっぱりセ・リーグへ行け」

ちょうど南海で一緒にプレーした古葉竹識《こばたけし》が広島東洋カープの監督をやっていたので、古葉に「江夏は必ず役にたつよ」といって広島入りが実現したのだ。

幸い、柏原は日本ハムが「ほしい」といってきたので日ハムに決まった。東京でも彼と私はそう遠くないところに居を構えた。そのため、調子が悪いときには、敵同士であるにもかかわらず、「ちょっと見てください」とふらりとやってくることもあったことを思い出す。

もし、柏原があのとき「満足」していたら、それが妥協を生み、自己限定につながったかもしれない。私の期待を真摯に受け止め、以降、野球に対してすべてを捧げたからこそ、彼はその後日本ハムでも四番を打つまでに成長したのである。

力対力の真っ向勝負という幻想

話を野球に対する取り組みに戻せば、そこに甘さがあれば、名勝負など生まれるべくもない。

かつては「名勝負」と呼ばれるものがたくさんあった。金田正一さんvs長嶋茂雄、村山実vs長嶋・王貞治、江夏vs王……。近年では江川卓vs掛布雅之、清原和博vs野茂英雄・伊良部秀輝も、まあそれらに数えてもいいだろう。

だが、最近はそういう名勝負が減った。というより、ほとんどない。

「いや、最近だって力対力の真っ向勝負がある」

そういう反論があるに違いない。が、私にいわせれば、この「力対力」が問題なのである。

それで思い出すのが、二〇〇七年九月一四日の阪神対中日戦だ。

そのシーズンは中日と阪神が激しい首位攻防を演じており、この試合は天王山といってもよかった。試合はそれにふさわしい展開となり、五対五の同点で九回裏、中日の攻撃を迎え、二死二、三塁となった。

バッターボックスに入ったのは主砲タイロン・ウッズ。マウンドに立っているのは、これまた阪神の守護神・藤川球児である。藤川はウッズに対して初球からストレートを執拗《しつよう》に投じた。が、ウッズはファールで粘り、食い下がる。そして、藤川の投じた一一球目のストレートをセンター前に弾き返し、これがタイムリーとなって中日が勝利した。

この対決をメディアやファンは「名勝負」と讃えた。だが、はたしてそうだろうか。

「否」

それが私の答えである。アマチュアの試合なら、名勝負といってもいいかもしれない。だが、藤川の投球を見て私はこう感じざるをえなかった。

「これがプロの野球か。情けない」

だいたい、藤川は何を考えてストレートを一一球も続けたのか。それがファンを喜ばせると考えたのか。プロとして魅せる野球だと思ったのか。

だとしたら、あまりにも内容がお粗末だ。これは藤川だけに限らない。いまの選手のほとんどは、いやメディアやファンも力対力の勝負を「ただ力いっぱい投げ、力いっぱい打つ」ものだと信じている。

が、私にいわせれば、そんな野球は単なる「投げ損じ、打ち損じ」の野球にすぎない。そんなものは選手のひとりよがり。エゴもしくは自己の欲求を満たすだけのものであり、プロとして恥ずべき行為だ。

プロとして目指すものは何か。いうまでもない、チームの勝利である。したがって藤川は、己を満足させることではなく、チームの勝利を第一に考えなければならない。そう考えれば、ストレートを連投することなどありえないはずだ。

たしかに藤川の最大の武器はストレートである。だが、ウッズはあきらかにストレートを狙って打席にいる。ストレートを待ちかまえているのは誰の目にもわかった。ストレートをウッズは続けて打ち損じ、藤川はファウルでカウントを稼ぐことができた。そのうえ、「ウッズはストレート一本で勝負に来ている」とはっきり意識させられたのだから、低めの変化球なら何を投げても打ち取れたはずである。それが配球というものである。にもかかわらずストレートを投げ続けたのは、試合を「私物化」しているという誹《そし》りを受けてもしかたがない。プロ失格である。

速球派のピッチャーがよく「変化球を投げて打たれたら悔いが残る」という発言をする。が、これも私にいわせれば単なる自己満足である。もしくは打たれたときの言い訳を用意しているとしか思えない。

いやしくもプロであるならば、気力と体力だけでなく知力まで持てる力のすべてを懸けて相手と対峙しなければならない。それがほんとうの力対力の名勝負と呼べるものなのである。

たがいが全知全能をぶつけ合った稲尾との対決

その点でプロに徹していたのが、これまで何回も名前が出た稲尾である。稲尾のピッチング哲学は次のようなものだった。

「ピッチャーは、どういうかたちであれ、バッターをアウトにすることが仕事である」

つまり、必ずしも三振にしとめる必要はなく、内野ゴロでも外野フライでも、その状況においてベストのかたちで打ち取るべきだというのである。

バッターを打ち取るには三つのケースがある。三振、ゴロ、そしてフライ。ピッチャーという人種は、とかく三振を取りたいと思うものだ。稲尾も例外ではなかった。けれども、彼はあるとき気がついたのだという。

「ゲームのなかでは必ずしも三振がベストではない」

状況によってはゴロを打たせてダブルプレーを狙う。ランナーをたくさん背負っていたり、一打逆転のケースでは、無理に三振をとりにいって手痛い一発を浴びるよりは凡打にさせたほうがいい。

要するに、ゲームの展開に合わせてベストのアウトとは何かと第一に考えるべきと悟ったのである。以来稲尾は、イニング、アウトカウント、点差はもちろん、相手打線のつながり、そのバッターの好不調、さらに相手の作戦まで、すべての要素を考慮して、臨機応変にして最善のピッチングを組み立てるようになった。だからこそ彼は、ルーキーイヤーの昭和三一年から三六年まで、一年を除いてずっと防御率一点台をキープできたのだ。

実際、バッターとして私がもっとも苦手としたのも稲尾だった。いま述べたような特長のほかに稲尾は、ストレートもカーブもスライダーもすべて同じフォームで投げられ、クセらしきものが見つけられなかった。

私はデータに加え、ピッチャーのちょっとした仕草や球の握り方、グラブでの球の隠し方から球種を予測することで一流バッターの仲間入りができたのだが、稲尾だけはまったくクセが見抜けなかった。それでどうしても稲尾の球を打てなかったのである。鶴岡監督にもことあるごとにイヤミたっぷりにいわれたものだ。

「おまえは二流はよう打つけど、一流は打てんのう」

悔しかった。だが、私は南海の四番である。稲尾を打ち崩さない限り、南海の優勝はない。

「なんとしてもクセをみつけてやる」

そう誓った私は、知り合いに頼んで稲尾のフォームをネット裏から一六ミリフィルムで撮ってもらい、それこそ擦り切れるまで繰り返し眺めた。結果、インコースに投げるときは握ったボールの白い部分で一〇〇%わかった。それでなんとか稲尾攻略のメドがたったのである。外角の球種はどうしても特定できなかったが、稲尾の武器はシュートとスライダーだから、内角にこないとわかれば外角のスライダーかストレートに的を絞ればいい。おかげで稲尾との対戦成績は格段に上がった。稲尾も打たれるたびに「これまで打てなかったのに、どうしてだろう」と不思議そうな顔をしていたものだ。

ところが、私が稲尾のフォームをフィルムで分析していることをオールスターで同僚の杉浦がばらしてしまった。はたしてオールスター後の初対決、「どうかな」という思いで私は打席に立った。

するとクセから考えると内角なのに、なんと反対の外角スライダーが投げ込まれた。さすが稲尾だと感じたが、それよりも自分にとって大変な事態が起きた。稲尾がほかの球団の投手連中に「最近のバッターはクセを見ているよ」と言いふらしたのだ。それは大変だということで、みんなボールの握りをグローブで隠すようになったのである。

このときは秘密をばらした杉浦のことを「この野郎」と思ったものだ。だが、いまではかえってよかったと感じている——「だからこそ私はさらなるレベルアップができたのだ」と……。

相手が対抗手段を講じてくれれば、私も別の対抗する術を考えればいい。そうすれば相手もさらに考えてくるだろうし、そうなれば私ももっと考える。おたがいが切磋琢磨し、より成長するわけだ。ほんとうの力対力の真剣勝負とは、そうやって生まれるものなのである。

名勝負は一流同士の戦いから生まれる

打者としての私が力を競い合ったのが稲尾なら、キャッチャーとしてしのぎを削ったのは、V9巨人を支えた名捕手の森昌彦（祇晶《まさあき》）だった。森は私よりひとつ年下で、リーグは違ったが、「愚痴の森、ぼやきの野村」と当時からよく比較されていたものだ。

森も私に劣らぬ野球大好き人間で、会うと野球談義を何時間でもしていた。入団当初は進んでブルペンキャッチャーを務めて各ピッチャーの特徴をつかみ、自分が正捕手を務めているつもりで配球を考えるだけでなく、相手打者の弱点やデータを収集し、攻略法を考えていたという。

日本シリーズの前には、私の家までやってきて——ということは我が南海は日本シリーズに出場できなかったという意味になるが——パ・リーグ優勝チームの情報を私から聞き出そうとした。会話は夜通し続いたが、その間、野球以外の話はいっさいなし。私が別の話題を持ちかけても、森はまったく乗ってこなかった。

「捕手の役割があまりに軽んじられている」

森と私はそう考えていた。キャッチャーはたんにピッチャーにサインを出すだけでなく、監督の分身として、相手がどのような作戦で攻撃してくるかを考えたうえで、失点を防ぐためにどうすればいいのかを吟味し、野手のポジショニングや守備隊形を変えさせたりしなければならない。にもかかわらず、当時の野球はそうした捕手の仕事が充分に理解されているとはいえなかった。

「捕手の地位を認めさせよう」

そういう共通認識のもと、森と私はリーグは違ったものの、たがいに切磋琢磨した。

もうひとり、キャッチャーとしての私を成長させてくれたということでは、阪急ブレーブス(現オリックス・バファローズ)の福本豊の名前もあげられる。

福本は、通算一〇六五盗塁というとてつもない記録を持つ世界の盗塁王である。一九七二年にはシーズン一〇六盗塁をマークしたこともあった。私も福本にはほんとうに苦しめられた。

足の速いランナーというのは、塁にいるだけでバッテリーにはプレッシャーとなる。仮に盗塁しなくても、「走るぞ」と見せかけるだけで、バッテリーの神経をすり減らし、集中力を乱れさせ、投球のリズム、フォームのバランスを崩すなど大変なプレッシャーをかける。それだけでもチームに貢献していることになるのである。

福本対策は、相手チームにとって焦眉の急だった。考えた末、さまざまな奇策が思い浮かんだ。たとえば、ピッチャーがファーストにわざと牽制悪送球をしてフェンスにボールを当て、悪送球にそなえた二塁手がクッションボールを早目に処理してセカンドで刺せないかと思い試したが、俊敏な福本には通じなかった。

卑怯な手だが、福本がセカンドにいるときに、福本の体めがけて牽制球を投げさせたこともあった。なかばケガでもしてくれないかとの願いを込めて投げたのだが、予想どおり、当時の西本幸雄監督が飛び出してきて烈火のごとく怒った。

最終的に達した結論は、投球の「時間短縮」という方法だった。つまり、ピッチャーに小さいモーションで投げさせたわけである。いまでいう、クイックモーションだ。

「そんなことは当然ではないか」と思われるかもしれない。たしかにいまではどんなピッチャーでも、足の速いランナーが出ればクイックで投げる。だが、当時は誰もやっていなかったし、クイック投法という言葉もなかった。そう、クイックモーションは福本の存在が生み出したといえるのだ。

「稲尾を打ち崩してやる」「森に負けてたまるか」「絶対に福本を刺してやる」

私はそのために徹底的に頭を使い、あらゆる工夫と努力を重ねた。それは、稲尾や森や福本も同じだったと思う。

ほかに私は、王と長嶋にも闘争心をおおいに燃やしたし、同じリーグでは阪急の米田哲也、足立光宏、梶本隆夫という三人のエースと火花を散らし合ったものだ。そういうライバルがいたからこそ、私はキャッチャーとして、バッターとして、一流と呼ばれる選手になることができた。まさしく「一流は一流を育てる」のである。

われわれに限らず、金田さんや村山、江夏、長嶋、王といったたがいに好敵手を持っていた選手たちは、いずれもどうすれば相手を打ち取ることができるか、打ち勝つことができるか、それこそ全知全能を使って模索したはずだ。だからこそ数多くの名勝負が生まれたし、人々を魅了してきたのだと思う。

ところが、いまの野球界にそうした土壌があるだろうか。「投げ損じ、打ち損じ」の勝負ではなく、それぞれが持てる力をすべてふりしぼって、おたがいに高め合う意識で、勝負に臨んでいるだろうか。名勝負が見られなくなったのも道理である。

恵まれすぎの日本

やはり、日本のプロ野球選手は総体的に恵まれすぎているのではないかと思う。いや、厳しさが足りないというべきか。

いまや日本には一億円プレーヤーがぞろぞろいる。私自身は必ずしもその額が高いとは思っていない。メジャーリーガーのなかには天文学的な年棒をもらっている選手が少なくないし、日本の選手だって見合うだけの活躍をすればもっと上げてもいい。それはあとに続く子どもたちのモチベーションにもなる。

問題は、一億円をもらえるようになるまでの過程が甘過ぎることなのだ。

たしかにメジャーリーガーは高給をとっている。だが、いきなりメジャーからスタートする選手はまずいない。どんなスーパースターでもほぼ例外なくマイナーリーグを経験している。そして、メジャーを天国とするならば、マイナーはまさしく地獄といっても過言ではない。

遠征の移動はすべてバス。ホテルは粗末だし、食事はハンバーガー。もちろん、給料はものすごく安い。だからこそ、彼らはそこから這い上がろうとする。そして一度上がったら、今度は絶対に戻りたくないと考える。

対して日本はどうか。現役晩年、私がロッテオリオンズにいたころ、二軍で調整したことがあった。そのとき、二軍の選手たちに「おまえらも大変だな」といったら、ある選手がこう答えた。

「いや、二軍のほうが待遇がいいですから」

考えてみればそうなのである。一軍選手と違って二軍は合宿だから食住が保障されているし、食べ物は下手をすると一軍以上だ。給料だって、同世代の人間に比べれば決して悪くない。それだったら、「しゃかりきになって一軍に上がる必要もない」——とまでは思わないだろうが、ハングリー精神はどうしたって失われる。そこがアメリカとは大きく異なるのだ。

かつては日本だって二軍の生活はひどかった。私がいた南海の二軍など、その最たるものだった。当時は一軍にも合宿所があって、そこは個室だったが、われわれ二軍は一軒家に雑魚寝。しかも、私が入った年は「新人が多くて部屋がない」ということで、前年まで物置として使われていた三畳の部屋に入れられた。

食事にしても、たとえば一軍の朝食はごはんと味噌汁のほか、焼き魚などおかずが最低でも三つ、四つはついたのに対し、二軍はどんぶり飯と味噌汁一杯だけ。ご飯はお替り自由だが、おかずは大皿に盛られた漬物だけだった。

西鉄と試合をするため博多まで行くときには、一軍はもちろん特急の一等だが、二軍は夜行である。新聞紙を通路に敷いて、ボストンバッグを枕にして寝たものだ。よその球団のことは知らないが、訊いてみると似たようなものだったようだ。

おそらく、これは球団が意図的に差別していたのだと思う。「もっといい待遇がほしかったら、一軍に上がってみろ」と——。事実、こうした境遇から抜け出したいという気持ちは、私の強烈なモチベーションになったし、一軍に上がったら二度と戻りたくないと思ったものだ。

社会人のほうが厳しい

「いまのプロ野球選手は甘やかされている」と私が感じるのには、楽天の監督に就任する前、社会人のシダックスの監督を務めたことも影響している。監督として社会人野球の現場に身を置いたことで、私は、彼らを取り巻く環境の厳しさと、それに対してプロが、とくに二軍選手がいかにぬるま湯に浸っているか、あらためて気づかされたのだ。

社会人のほうが厳しいと私がいう理由の第一は、社会人の大会はトーナメントがほとんどであることだ。つまり、負ければそれで終わりである。となれば、一試合の重み、それに懸ける真剣さがプロとはおのずと違ってくる。しかも、彼らのなかにはプロ志望の選手も少なくなく、それにはプロのスカウトの眼に留まらなければならないから、なんとか結果を出そうとする。

第二に、社会人選手は会社の広告塔としての役割と、社員に一体感を感じさせ、士気を高める責任を担わされている。弱ければその任務を果たすことはできない。会社からのプレッシャーもそれなりに大きい。

まして、企業の業績悪化により、次々に社会人チームが廃部の憂き目を見る今日このごろ、いつ自分のチームがそうならないとは限らない。そしてそれは多くの場合、クビを意味する。その点ではプロも同様だが、社会人は待遇面において決して恵まれているとはいえない。給料は同世代のサラリーマンより低いのではないか。しかも、現役でプレーできなくなれば、多くの選手は会社にいづらくなるのが現実だ。

こうした環境は、近年全国に広がりつつある独立リーグも同様だろう。まして独立リーグでは、選手自らがスポンサーを探したり、営業に赴いたりすることもあるというし、シーズンオフは球団から給与が支払われず、サポート企業などで働いているそうだ。

対してプロの二軍選手はどうか。たいしてチームに貢献しなくても同世代のサラリーマンより高収入を得られる。人気チームならタニマチがおり、そのチームの一員であるというだけでちやほやしてくれるし、遊びにも連れ回してくれる。その点でも、社会人野球とは雲泥の差だ。彼らは野球選手である前に一企業の社員であるから、傍若無人なふるまいは許されない。礼儀やマナーはもとより、社会人としてのあり方も徹底的に仕込まれている。

それに比べ、たいていのプロ野球選手は、そうした「ぬるま湯的環境」が自分のためにならなかったことにずっと先まで気がつかない。それどころか、「自分はスターなんだ」と勘違いしてしまう選手も多い。

その意味でも私は、契約金はできることならサラリーマンの退職金のように後払いのほうがいいと思っている。少なくとも絶対に活躍する前に渡すべきではない。

「こういう成績をあげたら、この時点までにこういう選手になっていたら払います。その代わり、それが達成できなかったら払いません」

そうしたほうが選手のモチベーションを上げるためにもいいと思うのだ。いわば出来高制である。最初は最低年俸を保障してやるだけでいい。なまじはじめから甘い汁を吸わせるから、勘違いするのである。プロ野球にはまだまだ根底から改革すべき問題が山積みしている。

だが、そうしたことを嘆いているだけでは解決にはならない。選手たちを取り巻く環境がそうであるならば、そして、選手の意識が低いのならば、監督やコーチといった指導者がそれを変えていく必要がある。その意味で、本物のプロを育てるのは指導者の責任なのだ。そこで次章では指導者としての条件、そして役割について述べていくことにしよう。

第三章　指導者の役割とは何か？

組織が成長するか否かはリーダーの器次第

「組織はリーダーの力量以上には伸びない」――これは組織論の大原則であり、長年プロ野球チームという組織に身を置いてきた私の実感でもある。

かつて阪神の監督だったとき、私はこの原則をふりかざし、当時のオーナーだった久万俊二郎さんに詰め寄ったことがある。

「阪神が低迷している原因は、オーナー、あなたです」

それは監督二年目の夏だったが、なにしろ当時の阪神は、チームに金を使うことをほとんどせず、「エースと四番をとってくれ」との私の要求をかなえてくれなかった。ドラフトにおいても有力選手を狙ってほかのチームと競合することを避け、私の希望とは異なる選手を指名した。

それればかりか、勝てない責任をすべて監督に負わせ、監督の首をすげかえればチームが強くなると思っていた。そのため、阪神の監督は短ければ一年で更迭されるということが繰り返されていたのだ。

たしかに、監督を代えるだけで勝てる時代もあった。根性野球や精神野球の時代では、監督の頭脳を加えるだけで、弱小チームを生まれ変わらせることも不可能ではなかった。

しかし、そんな時代はとうの昔に終わっている。選手の技術が向上しただけでなく、情報化が進み、各チームがデータを取り入れるようになった。つまり、この五〇年のあいだに、精神野球からはじまって頭脳野球へと移行し、いま現在は情報化野球に変わってきているのである。非常に高度な野球が繰り広げられるようになった現在では、監督だけを代えても強くはならない。フロントも含めて球団全体がひとつになり、強化に取り組む必要があるのだ。

そして、それを可能にするのは球団全体のリーダー、すなわちオーナーである。オーナーが古い考えを改め、真剣に強化を進めようと思わなければ、優勝できるチームはつくれない。だからこそ私は、久万オーナーにあえて苦言を呈したのである。

私の発言を聞いた久万オーナーはかなり立腹していたようだが、後にこう語ったという。

「野村のいうことはいちいち癪《しゃく》にさわるけれども、考えてみればもっともだ」

その後阪神は、編成のスタッフ構成にメスを入れ、金本知憲や伊良部秀輝や下柳剛らをFAで獲得するなど補強に積極的になった。それが星野のもとでの一八年ぶりのリーグ優勝につながった。それが実現したのも、もとは久万オーナーの鶴の一声があったからに違いないと私は思っている。

阪神が証明したように、リーダーの器が大きくなれば、組織もそれだけ成長する。これはビジネスの世界も変わらないだろう。それぞれの部署のリーダーたる人間の器次第で、その組織は大きく変わってくるはずだ。

では、プロ野球における現場のリーダーとは誰か。

監督にほかならない。監督次第でチームはよくもなるし、悪くもなる。とすれば、チームの品格という点でも、監督の資質が与える影響は非常に大きいといわざるをえない。

もっといえば、チームというものは、監督の器、そして品格を表わすものであるといっても過言ではないだろう。監督次第でチームの品格は向上もすれば、劣化もするのである。とすれば、監督は自ら自分を律し、品格を高めるべく努力していかなければならないのだ。

本当に優秀な監督の条件とは何か?

それでは、采配に優れているだけでなく、品格まで備えた一流の監督の条件とは何か。

第一は優勝回数だろう。ただし、これについては「たんに勝てばいいのか」という反論があるかと思う。たとえば、「優勝するために大金をはたいて選手をかき集めることを要求する監督」や「勝つためには手段を選ばない監督」であっても、品格があるのかと……。

もっともだと思う。たしかにそういう監督には品格を感じるかといえば「否」だろう。

ただし、そのような監督は、往々にして一度は優勝しても勝ち続けることはできない。監督に品格が備わらなければ、やはり優勝回数を重ねることはむずかしいと思う。

なぜなら、優勝すれば翌年はライバルチームに徹底的に研究される。ピッチャーに対してもバッターに対しても、攻略法を練ってくる。とすれば、前年と同じことをしていては、勝つことはむずかしい。前年以上の決意と覚悟を持ってシーズンに臨まなければならないのだ。前年以上のパフォーマンスを発揮しなければ、連覇は不可能といっても過言ではない。

だから監督は、「優勝は過去のもの。新たな気持ちで一からやり直すぞ」と選手たちを鼓舞するのだが、どうしても選手たちの気持ちは緩む。油断してしまう。

そこで試されるのが、監督の品格なのだ。監督自らが現状に満足することなく、より高みを目指し、自分自身を叱咤していかなければならない。そうしながら、選手たちにも常に上を目指すことを意識させ、努力することの大切さを教え込む必要がある。一度優勝したからといって、監督まで選手たちと一緒になって浮かれるなど言語道断。前年以上に厳しく接することが求められるのだ。

何度も優勝しているということは、その監督がいま述べたことを実践したということである。優勝すればするほど、もっと己を高めなければならないという気持ちが起き、自分を律しなければいけないと考える。そうなると自ずと品格も備わるものだ。その意味で優勝回数は、監督の品格をはかるひとつの要素といえるだろう。

じつは、このことは私が、自分自身に対する戒めにしていることでもある。というのは、ヤクルト時代に私は三度の日本一を達成したが、翌年はいずれもBクラスに落ち込んでしまったからだ。振り返れば、日本一を達成したあとは、選手たちだけでなく、私自身がホッとしてしまったところがあった。それが連覇を逃した最大の原因だった。

その意味で私には、監督として品格がまだまだ備わっていないと自覚している。だからこそ、常に気を引き締め、自分自身の器を大きくしていかなければならないと考えているのだ。

優勝回数が必須条件とは限らない

ただ、ひとついっておかなければいけないのは、優勝回数はたしかに監督の能力をはかる条件のひとつではあるのだが、優勝回数が多いからといって、必ずしもその監督が品格を感じさせるとはいえないということである。その点で私が複雑な思いを抱いているのが三原脩さんに対してだ。

三原さんは、一九四七年のシーズン途中から巨人の監督となり、一九四九年に戦後初の優勝をもたらしたあと九州に下り、西鉄ライオンズを率いて一九五六年からは三年連続して日本シリーズで巨人を倒した名将である。その後、一九六〇年にはセ・リーグの最下位だった大洋ホエールズ（現横浜ベイスターズ）の監督に就任し、またもや日本一に導いている。まぎれもなくプロ野球を代表する名監督といっていい。

私は南海の選手だったとき、三原さんが率いていた西鉄と何度も対戦した。〝知将〟と呼ばれたように、三原さんは野球をよく知っていたし、選手からも絶大なる信頼を得ていた。それまでミーティングなど経験したことがなく、勘と天性で動いていた西鉄の選手たちに、打球が飛んだ方向ごとの野手の動き方や、ピックオフ（牽制プレー）といった連携プレーの重要性を叩き込んだ。また、相手の先発投手が左か右か読めないときには、控え投手を先発オーダーに入れる当て馬を使ったり、いまでも高校野球でよく見られる、投手を外野などに一時待避させ、ワンポイントリリーフを送ったり、さまざまな奇策を生み出したアイデアマンでもあった。

ただ、品格という点ではどうだったかとなると――あくまでも私は外から見ていたにすぎないのだが――疑問が残らないでもないというのが率直なところなのである。

三原さんは、自軍の選手を大いにおだて、褒めた。選手が守備からベンチに帰ってきたときは先頭に立って抱きつかんばかりに出迎えたし、自宅や料亭に選手を呼んで酒席をともにすることも多かったと聞く。とくに主力選手は非常に大切にし、絶対的なエースだった稲尾などは慰労のために高級料亭で歓待を受けたという。

一方で、ほかのチームの選手を徹底的にこきおろすのも三原さんの特徴だった。じつにいやな態度や発言をするのである。

ある日、大阪球場の入口で三原さんと偶然出会った。敵将とはいえ大先輩であるし、試合前だったので「こんにちは」とていねいにあいさつすると、「フン」という表情で返礼しなかった。

こういうこともあった。三原さんが近鉄の監督時代の話だが、私のいた南海と首位を争っていたとき、三原さんがメディアを通してこういったのである。

「南海に勝つには、野村の顔をブタの腐ったような顔に変えてしまうことだ。そうすれば勝てる」

まあ、私を怒らせて冷静さを失わせるためだったのだろうが、チームのトップに立つ監督ともあろう人間が発言することではないと私は思う。

ほかにも、現在は禁止されているサイン盗みを最初に行ったのも三原さんだし、巨人の監督時代は南海のエースだった別所毅彦さんを、野球協約を無視して引き抜いたこともあった。稲尾を酷使し、結果的に選手寿命を縮めてしまったのも、三原さんの責任は免れないだろう。

つまり、三原さんは勝つためには手段を選ばず、どんなことでもやったのである。これは勝負師としては絶対に必要な要素ではあると認めるにやぶさかではないが、はたして、それでいいのだろうかと思うのも事実なのである。「手段を選ばず」というのは、卑怯な手を使うという意味ではなく、目標を達成するために、全知全能を使い、あらゆる努力をするという意味ではないのかと私は思うのだ。

「この監督についていきたい」と思わせる人望

第二の条件は「人望」だ。これについては詳しく述べる必要はないと思われる。プロ野球の監督に限らず、人望はリーダーに必須の条件である。

残念ながら、これも私には欠けているようで、いっそうの努力をしていかなければならないと常々考えているところなのだが、それはともかく、選手をして「この監督についていこう」と思わせることができるかどうかは、監督としての絶対条件である。

ただし、そのためにはたんに野球に関する深い知識やすばらしい理論を持っているだけでは充分とはいえない。やはり、「その監督が野球人である前に人間として尊敬できるか」「信頼に足る人物か」「自分たちに対して愛情を注いでくれているか」といったことが問われるのである。それなくして選手の信頼を得ることは不可能だ。そうした気持ちを選手に感じさせる力を人望というのだと私は思う。

その点で名前をあげないわけにはいかないのが、鶴岡一人さんである。鶴岡さんは、プロ入り以来、私が長年にわたって選手として仕えた監督でもある。

〝親分〟と呼ばれたことでもわかるように、鶴岡さんは強烈なリーダーシップで〝子分〟たる選手を掌握し、〝一家〟を構成した。慕ってくる選手たちをかわいがり、厚遇した。酒席をよくともにしていたし、戦後まもなく、選手たちの衣食住が欠乏していた時代には、球団にかけあってその確保に奔走したという。

私も入団したばかりのころ、それまで食べたことのなかったカツ丼を鶴岡さんに食べさせてもらい、「一流になると、こんなにうまいものが食えるんだ」と感動した憶えがある。

こうした親分の心遣いに意気に感じた子分たちは、「親分を男にしたい」と結束し、発奮した。あまりにその結束が固かったために、鶴岡さんが辞任されたとき、選手の有志が引きとめ工作を行ったほどだった。そうした鶴岡さんの人望が南海の強さを支えたという部分はたしかにあったと思う。

鶴岡さんは、三原さんと対照的に、自軍の選手をめったにほめなかった。

「稲尾や中西（太）を見ろ。あれがプロのピッチングや、銭のとれるバッティングや」

そういってライバルチームの選手を引き合いに出し、「それに比べておまえらは……」と、南海の選手たちをけなした。私はとくにこきおろされた。

だが、だからといって私は、鶴岡さんをうらみはしなかった。不愉快だったのは事実だが、それは私に対する期待の裏返しだと考えた。そして、「なんとかして見返してやる」と、よりいっそう奮起し取り組んだものだ。いずれにしても鉄拳制裁や正座させられることが多く、私も何回かそうさせられ、大声で怒鳴られたものだ。

だが、仮に厳しく叱ったとしても、それがほんとうに自分のことを思ってくれての行為だということを選手が理解できれば、感謝しこそすれ、うらんだり憎んだりすることはない。これが、自分の保身のためだったり、たんなる腹いせだったりすれば、反発を招くのは当然である。それでは人望も得られるわけがない。

監督は選手たちから必ずしも好かれる必要はない。が、尊敬され、信頼される存在であらなければならない。人望があるということは、その第一歩なのである。

監督の度量が選手を成長させる

監督の条件、第三は「度量」。度量とは、まさしく「器」といい換えられる。「キャパシティ」のことである。

私は、「失敗」と書いて「せいちょう（成長）」と読むことにしている。なぜなら、人は失敗することで多くを学ぶからである。失敗は成長を生み出すのだ。

したがって、選手が一度や二度失敗したくらいで「この選手はダメだ」と性急に判断しては、それこそ監督として失格だと思う。もう一度チャンスを与えるだけのキャパシティが監督には必要なのだ。

選手は失敗することで、何がいけなかったのか、自分に足りないものは何かと自覚し、成功するには何をすべきかと考える。そうすることで、飛躍的に成長を見せることがあるのだ。そうなれば、たとえ一度や二度失敗したとしても、チームに与えるプラスはマイナスを補って余りある。だからこそ、監督は選手が失敗をどのように糧にするかを見ていなければならない。

また、度量の小さい監督は、とかく自分の価値観だけで物事を判断しがちだ。選手の能力を見極める際も、「こうでなければならない」「こうしなければダメだ」という固定観念に縛られてしまうし、自分の経験に照らし合わせて、「こういう選手しか通用しない」と先入観に左右されることが多い。

それどころか、好き嫌いで選手を起用するケースもある。「好き嫌いで選手を起用する監督は最低の監督である」との名言がメジャーリーグにあるように、それは監督には、あってはならないことである。

監督の判断ひとつ、選択ひとつで、選手の将来は大きく変わる。「自分の基準に合わないから」という理由で、ましてや「気に食わないから」というだけで「プロとして失格」の烙印を押されたら、選手の人生そのものに狂いが生じてしまうのである。そして、それはたいていの場合、マイナスに作用する。

その意味で監督という仕事は、いわば選手の「生殺与奪権」を握っているといっても過言ではない。監督はとてつもなく大きな責任を負っているわけだ。そのことを絶対に忘れてはいけない。

それに、度量の大小は、結局監督自身に返ってくるものなのだ。

持てる戦力の最大活用——監督は、つねにそれを念頭に置いておかなければならない。巨人のように強大な戦力を有しているならともかく、並み以下の戦力しかないチームでは、現有戦力を適所に配し、全員野球で戦うことが大切だ。そうすることで、巨大戦力を持つチームにも勝つ可能性が出てくるのである。

にもかかわらず、固定観念や先入観、好き嫌いで有用な選手を使わないでいれば、それは戦力を最大限に活用していることにはならないばかりか、宝の持ち腐れである。それでは勝つことなどとうてい不可能だ。そして、勝てないことの責任を、監督が問われるのである。

また、実力ではなく、監督個人の価値基準のみで「使えない」と判断された選手は、当然おもしろくない。反抗的な態度を見せるようになって、不平不満も周囲に口にするようになる。使われている選手とのあいだに溝ができる。そうすればチームは分裂し、最終的には崩壊してしまうおそれもある。野球は団体競技である以上、そうなっては絶対に勝てない。

以上のような観点からも、監督はいっさいの固定観念や先入観を捨て去って、選手をよく観察し、正確に能力を見極めなければならない。そして、それができるかどうかは、まさしく監督の度量にかかっているのである。

風格は選手に「やらなければいけない」気持ちにさせる

昔の監督は、一様に風格があった。藤本定義さん、鶴岡一人さん、三原脩さん、水原茂さん、川上哲治さん、西本幸雄さん……「名将」と呼ばれた人はいずれも、誰が見ても「いかにも」という貫禄や威厳を感じさせた。

対して近年のプロ野球の監督は、総体的に軽く、安っぽくなっている印象を受ける。思うに、その理由はいまの監督たちに「風格」が感じられなくなったからではないか。

そう、監督に必要とされる四番目の条件は、この「風格」である。

いまの監督たちに風格が足りない理由は、年齢だけの問題ではなさそうだ。なぜなら、三原さんが巨人の監督になったのは三〇代。西鉄ライオンズで私のいた南海と火花を散らしていたころでも四〇代半ばである。川上さんも巨人の監督になったのは四〇代はじめだし、鶴岡さんにいたっては二九歳の若さで南海のプレーイングマネージャーになっている。かくいう私にしても、南海の監督を拝命したときはまだ三五歳だった。

もちろん、いまは日本人全体が昔に比べると幼くなっているのは事実だし、風格がなくなったといえば、政治の世界もプロ野球の監督と同様だ。近年の総理大臣の、いったい誰に風格を感じるだろうか。プロ野球の監督と同じく、みな軽く、安っぽくなってしまっている。だから、国民に「この人ならやってくれる」という希望も期待感も、そして信頼感も抱かせることができないのだろう。

「この人なら大丈夫だ」という気持ちを感じさせなければいけないというのは、プロ野球の監督も変わらない。そして、そのためにはやはり、存在するだけで重々しさや威厳を感じさせるだけのムードが必要なのである。そうしたものは、選手をして「やらなければいけない」という気持ちにさせるからだ。

巨人の第二期黄金時代を築いた水原茂さんに代わって、川上哲治さんが監督になったときのことを私は鮮明に憶えている。ピーンと張り詰めた空気が巨人のベンチに漂うようになったのである。水原さん自身がおしゃれでダンディな雰囲気を醸し出していたこと、水原時代の選手には個性的なサムライが揃っていたといった理由からか、そのころの巨人には時として どこか緩んだムードが感じられなくもなかった。だが、川上さんに代わって以来、ムードは一変した。

水原さんは周囲が「ミズさん」と気軽に話しかけられる感じだったが、川上さんは近寄るのがためらわれるムードを醸していた。

私が薫陶を得た鶴岡一人さんも、威厳のかたまりのような監督だったといっていい。鶴岡さんは本当に怖かった。鶴岡さんがいるだけでわれわれ選手はピリピリしたものだ。監督の姿が見えないときは、練習をしていてもどこか気の抜けた雰囲気が漂うことがあったが、鶴岡さんがグラウンドに立つと、一瞬で空気が引き締まった。選手だけでなく、コーチも緊張しているのがわかった。

最近では星野仙一がそのムードで、私が変えられなかった阪神の緩みきった雰囲気を一掃した。やはり監督という立場にある人間は、いるだけで選手たちの気持ちが引き締まるようなムード、威厳ともいうべきものを持っていなければならない。それが大きければ大きいほど、チームに緊張感を与えるものだ。

もちろん、何もいわれないでも選手たち自らが自分を律することができれば理想である。が、現実にはなかなかそうはいかない。人間は楽なほうに流れがちである。若いときはとくにそうだ。甘やかされれば、つけあがるのも仕方がない。だからこそ、監督には厳しさや怖さ、威厳が必要なのだ。監督がそういうオーラを醸すことができなければ、チームは弛緩してしまう。そうなったら、勝つことはままならないであろう。

短くなった在任期間が風格を失わせた

もっとも、いまの監督たちに風格が感じられなくなったのは、その在任期間が昔と比べてあまりにも短くなっているからという理由もある。

「地位が人をつくる」という。プロ野球の監督にしても政治家にしても、はじめから風格のある人間はいない。その地位になって、理想を追い求め、日々考え、努力していくなかで、自然と風格が身についてくるのだろう。

なにしろ監督になるとすべてが一変する。人の目、言葉遣い、交際する人たちなど身の周りの環境が極端に変わる。「環境が人を育てる」ということを実感するのである。

ところが、現在では風格を身につけるだけの時間を与えられない。

昔の監督の多くは、一〇年単位でチームを預かっていた。たとえば川上さんは巨人で一四年、その前の水原さんは一一年。パ・リーグでは西本さんが一一年阪急の指揮を執ったし、そのあとを継いだ上田利治は一五年にわたって監督の座にあった。西武の森は九年、私もヤクルトの監督を九年間務めさせていただいた。

したがって、昔の監督は風格が備わるだけの時間があっただけでなく、じっくりとチームづくりに取り組むことができた。選手を教育し、育て、鍛える余裕があった。

しかし、いまは長くても五年。つい最近までは一年か二年でクビを切られるケースも珍しくなかった。つまり、すぐに結果を出すことを求められるようになってきている。

そういう状況下では、どういうことが起きるか。

手っ取り早く結果ばかり追うようになり、勝つことだけにとらわれることになる。そのために、育成という仕事が置きざりになり、他球団や外国から有力選手をかき集めたり、選手を褒めるだけ褒め、おだてるだけおだてて、選手のゴキゲンとりばかりに走るようになる。厳しくして反発でもされたらかなわないからだ。本来、監督の仕事とは「集める」と「教える」と「鍛える」を並行して行うべきであるのだが、「教える」と「鍛える」が忘れ去られてしまうのである。

さらに悪いことに、最近の監督は、選手とほとんど友だちのように接する。せいぜい「兄貴」だろう。意識的にやっているのならまだしも、選手と同レベルで戦況に一喜一憂している。それでは風格など感じられるわけがないではないか。

最近は、味方選手がホームランを打つと、どの監督も選手たちと一緒になって手を叩いて喜んでいる。いま若い選手にはそれくらいしてやらないとダメだと感じて、近頃は私も手を合わせることくらいはするようになったが、以前は絶対にしなかったし、いまもそうしながらも頭のなかでは別のことを考えている。

というのは、それで試合が終わったからではないからだ。私だって、勝ち越したり、逆転したりすれば、喜ばないわけがない。しかし、それは一瞬で、すぐ監督としての立場に戻る。戻らざるをえない。

「よし。どうやって逃げ切るか。そのためにはどうすればいいのか」

そう思ってしまうのである。監督まで選手と一緒に一喜一憂していては、次に打つべき施策が一歩遅れる。それが場合によっては命取りになりかねない。監督は当然、選手とは立場が違うわけだから、ほんとうに心から喜べるのは勝利が決まったゲームセットの瞬間である。監督は選手と同レベルで試合を見ていては、絶対にいけないと思っている。

試合における監督の仕事とは、つきつめれば危機管理である。したがってマイナス思考であるべきだと私は思う。実際、名監督と呼ばれた人のなかにプラス思考はいないのではないか。

私に自信を与えてくれた鶴岡監督の言葉

さて、第五の条件は「言葉」。つい最近も、「監督は言葉が大切だなあ」と痛切に感じさせられた出来事があった。

王が福岡ソフトバンクホークスの監督を辞任するとの発表があったあと、テレビで彼のドキュメンタリーを見たときのことだ。そのなかで、各選手が「監督にいわれた忘れられないひと言」というのを口々に語っていたのである。

「王は選手たちに慕われていたのだな」

そう思うと同時に、監督のさりげないひと言が、どれほど選手にとって励みになるか、あらためて感じさせられたのだ。

振り返ってみれば、私自身にも同様の体験がある。プロ入り三年目のハワイキャンプで、カべとして参加した私がオープン戦で結果を出し、一軍に上がったのはすでに述べたが、そのキャンプから帰ってきたとき、鶴岡さんがこういったのである。

「ハワイキャンプは失敗だったが、ひとつだけ収穫があった。それは野村に使えるメドが立ったことだ」

私は、テスト生上がりのカべ要員としてプロに入った。しかも、一年目にクビを宣告され、「クビになったら南海電車に飛び込んで自殺します」と懇願し、なんとか契約を更新してもらったのである。それだけに、鶴岡監督のこのひと言は、このうえなく嬉しかった。

鶴岡さんには、もうひとつ忘れられない言葉をかけてもらったことがある。こちらはレギュラーとなり、そろそろ自分でもプロとしてやっていけそうだなと感じたころだった。

「おまえ、ようなったな」

あるとき、鶴岡さんがすれ違いざまにそうつぶやいたのである。

日頃、鶴岡さんはめったに選手を褒めない人だったから、なおさらこのふたつの言葉は私を感激させた。このふたつの言葉があったからこそ、私は自信を持てたし、さらに発奮した。もし、鶴岡さんがこれらの言葉をかけてくれなかったら、ひょっとしたらいまの私はなかったかもしれない。

持っているノウハウを伝えるのも言葉

ことほどさように、監督の言葉というものは、選手にとって自信と力を与えてくれるものなのである。だから私もことあるごとに選手にさりげなく言葉をかけることを意識しているのだが、私が「監督には言葉が必要だ」というのには、技術指導における説得力という点でも言葉が重要であるとの理由ももちろんある。

これは野球に限らないと思うが、スポーツの指導者というものは一般に言葉を軽視しがちである。

「ぐだぐだ能書きをたれる前に、まず動け」

どうしてもそう考える。とくに選手として一流だった指導者ほど、その傾向が強い。感覚でプレーできてしまうので、自分が言葉など必要としなかったからである。

だが、監督という立場になれば、話は変わってくる。というのは、選手のほとんどは天才ではないからだ。監督は、そういういわば「凡人」を指導しなければならない。そこでは当然、感覚だけでは通用しない。何をいっているのか、何を伝えようとしているのか選手が理解できなければ、どうしようもないのである。

では、そのとき必要なものは何か。

いうまでもない。言葉である。自分が持っているノウハウや技術、理論を的確かつわかりやすく伝えるためには、「表現力」が必要不可欠なのだ。表現力如何で、選手の理解度はまったく違ってくる。だからこそ、指導者は言葉を獲得しなければならない。

私は、そのことを評論家時代に学んだ。評論家が相手にするのは、選手ではない。一般の視聴者や読者である。当然、野球などやったことがない人もたくさんいる。そんな方々にも野球の持つ魅力や楽しさ、奥深さ、醍醐味といったものを的確にわかりやすく伝えなければ評論家は務まらない。そこで問われるのは、言葉による表現力にほかならないのだ。

私とて、最初から言葉を持っていたわけではない。野球に関する経験と知識に対しては誰にも負けないと自負していたものの、当初はそれを言葉に置き換えることに難儀した。そのころ、講演や解説、原稿執筆の仕事が多く、そのため、円形脱毛症を患ったこともある。だから私は、なんとかして言葉を獲得しようと、あらゆる書物を乱読した。私の語る話になんらかの説得力があるとすれば、それは評論家生活で培ったものだといっていい。

それはともかく、話を表現力に戻せば、監督という立場になれば、さまざまな場所で話をすることが求められる。ミーティングはもちろん、メディアに対して、ファンに対して、あるいは球団の上層部に対してなど、言葉を発する機会は非常に多い。

そのとき、どのような話をできるかは、意外と選手との信頼関係に関わってくるものなのだ。「挨拶」には、「開く・迫る」という意味があるそうだ。上手に話せる必要はないが、それなりの内容を持ち、人に心を開き、迫ることができなければ、選手に期待と尊敬を抱かせることも不可能だ。それでは信頼を得ることはむずかしいのである。

どうも近頃の監督は、そういうことに対する意識が稀薄な気がする。その証拠に、どの監督の談話を聞いても、おもしろくもなんともない。とおりいっぺんのことしかいわないし、一般の人が参考にできるような内容はほとんどないのではないか。連日記者たちが私のもとに集まり、ぼやきを聞き出そうとするのは、ほかの監督が語るコメントが、あまりにもつまらないという理由もあるのではないかと思うほどである。

判断は頭で、決断は腹で

六番目の条件は、「判断力と決断力」である。

まず断っておかなければならないのは、「判断」と「決断」は違うということだ。ひと言でいえば、判断とは「頭でする」もの。対して決断は「腹でする」ものである。

判断というものは、なんらかの基準にもとづいてなされるものだ。その基準はひとつではない。たとえば、ピッチャーを交代させるときであれば、いまマウンドにいるピッチャーの疲労度だけでなく、そのピッチャーとブルペンにいる投手の実力、信頼度、次打者以降との力関係や相性、得点差やアウトカウント、ランナーの有無といった状況などによって、交代させるべきか否かを判断する基準は変わってくる。その中から、データや観察、洞察をもとに頭をフル回転させて、もっとも成功する確率の高いものを選択するのが「判断」である。監督はまず、その判断を誤ってはいけない。

ただし、その判断を実行に移すには「決断」をしなければならない。いくら頭では「これが正解だ」という判断ができても、それを実行する「決断」ができるかはまた別問題なのだ。というのは、判断は必ずしも正解とは限らないからだ。絶対に成功するとはいいきれない。

だから迷う。だが、監督はどこかで「覚悟」を決め、「決断」を下さなければならない。決断は「腹でする」といったのは、そういう意味だ。しかも、場合によっては頭では「こうしたほうがいい」と判断しても、それを無視してあえて別の決断を求められるケースも多い。そして、それが勝敗を分けるポイントとなることも少なくない。

その意味では、決断とは一種の賭《か》けといっても過言ではない。いわゆる名参謀が必ずしも名監督になるとはいえない理由はここにもあるのではないか。名参謀は、正しい判断はできても、決断することができない。

じつは、この決断で私は何度も失敗してきた。そのため、私は自分をヘボ監督だと痛感させられることもしばしばなのだが、見事に成功したケースもある。それが一九九二年の荒木大輔の復活劇である。

それまでの四年間、荒木は故障続きで投げることすら満足にできなかった。その年、ヤクルトは阪神と壮絶なデッドヒートを演じていた。そのさなかの一〇月三日、ヤクルトは中日と対戦することになった。その試合に勝てばヤクルトは優勝を引き寄せられるが、負ければそのままズルズル後退してしまうおそれがあった。その大事な試合に、私は一軍に戻ってきたばかりの荒木を先発させたのである。

荒木にはかつての球威はなかった。ブルペンで見ていると「なんだ、この球は?」と思う。

先発を告げたとき、荒木本人が「僕でいいんですか?」と聞き返したほどだ。頭で判断すれば、荒木の先発はない。私にも自信がなかった。

では、なぜ荒木を起用したのか。

彼の闘争心に賭けたのだ。荒木は甲子園のヒーローとして活躍した男である。なぜヒーローになれたかといえば、大舞台になればなるほど力を発揮したからだ。そして、その源にあったのは、彼の闘争心だと私は見ていた。

「打てるものなら打ってみろ!」

その気持ちはピッチャーにもっとも必要なものである。四年間地獄を見たことで、荒木の闘争心はさらに高まっていた。その点で荒木をしのぐピッチャーはヤクルトにはいなかった。そこに私は賭けたのである。腹をくくり、決断したのだ。

その期待に荒木は見事に応えてくれた。七回を無失点に抑え、ヤクルトに勝利をもたらしてくれた。これで勢いに乗ったヤクルトは、一四年ぶりのリーグ優勝を果たしたのである。

野球の試合とは、まさしく「生き物」である。監督の判断ひとつ、決断如何で、その後の流れと展開はまったく違ったものになる。だからこそ、判断力と決断力に富むことが、監督としての資質をはかる重要な要件になるのだ。

技術的限界を知らない監督に理論はない

最後は「知識」である。知識の必要性については言を俟《ま》たないだろう。仮にも監督は野球の専門家である。自分の目指す野球を選手に実践させることで飯を食っている。野球に関する知識で選手に負けるわけにはいかないし、独自の理論や野球観を持たなければ務まらない。それなくして、どうやって戦うというのか。

ところが、最近はこの点で選手を圧倒できる監督がきわめて少なくなった。確固たる野球観を持っているなと感じさせるのは、いまの監督では中日ドラゴンズの落合博満くらいのものだろう。

その落合が解説者時代に阪神のキャンプにやってきて、私にこういっていた。

「野球界広しといえども、野球の話ができるのは、ノムさんしかいないんですよね」

いったい、どうしてこんなことになってしまったのか。

おそらくそれは、昔に比べると、いまの野球がたんに技術力を競うだけの荒っぽい野球になってしまったからだろう。それをメディアやファンが「力対力の名勝負」などと持ち上げるから、それでいいと思っている。現役時代から、体力・気力・知力のうち体力と気力しか使わない野球しか知らないから、知識や理論が身につかないし、研究しようともしない。それで監督になっても技術力だけに頼る野球をしてしまうのだ。

そして、なぜいまの監督が知力を軽視するかといえば、それはほとんどの監督が「技術的限界」を知らないまま選手生活を終えているからだと私は考えている。

これには説明がいるだろう。

そもそもプロに入ってくるレベルの選手であれば、天才以外は持っている素質に大きな差はないといっていい。とすれば、プロとして生きていくためにはまずは素質を開花させることが絶対条件だ。

が、それだけでは不十分なのである。天才でない限り、一流にはなれない。素質に加え、「知力」を持てるかどうかが分かれ目になるのである。

私もやはり天才ではなかった。だから、素質を開花させるには練習しかないと思い、入団当時から人の倍やることを自分の方針にしていた。その甲斐あって一軍に上がり、四年目には三割、三〇本塁打をマークすることができた。

ところが、そこから突然打てなくなってしまった。その理由は、相手に研究され、マークが厳しくなったことにあった。しかし私は、「打てないのは練習が足りないからだ」と思い込み、よりいっそう練習したのだが、結果は変わらなかった。二割五分は打てるのだが、どうしてもそれを超えることはできなかった。ホームランもガタッと減った。

「これ以上、技術力を伸ばすのは不可能だ」

私は悟った。技術的限界に突き当たったのである。だが、だからといって手をこまねいていては、せっかくつかんだレギュラーポジションを奪われてしまう。

「打率を五分上げるにはどうすればいいか」

私は考えた。その答えがデータを活用することだった。すなわち、相手バッテリーの配球やクセを研究し、分析することで狙い球を絞り、残りの五分を埋めたのだ。

技術的な限界にぶつかれば、残るは「知力」を使うしかない。素質に知力をプラスできるかがプロとしてやっていけるかどうかの分かれ目となるのである。人との「差」を認め、それを克服すべく頭を振り絞ることができて、はじめてプロとして生き残っていくことができる。

ただし、軽々しく「限界」を口にするなと私はいいたい。限界を知るためには、それこそ血を吐くような努力を要するのである。「限界」と「未熟」は違うのだ。

ところが、たいていの選手は限界を知る前に、つまり未熟のままで努力するのをやめてしまう。そして、問題を素質の多寡《たか》にすりかえてしまう。「おれには才能がないのだ」と……。

物質的に豊かになった現代は、文字どおりのハングリーな選手はいないといっていいし、最近のコーチは手取り足取りなんでも教えてくれる。だから、限界に突き当たり、そこからなんとか脱出しようと考える選手が少なくなっていくのである。そうした選手が監督になっていくのである。野球の本質とは何かを突き詰めて考えようとする監督がいないのも、その意味では当然なのだ。

信頼は日々の選手との戦いから築かれる

さて、これまで監督の条件を見てきたわけだが、じつはそれ以上に必要不可欠なものがある。すなわち「信頼」である。

「信は万物の素をなす」という。選手とのあいだにたしかな信頼関係がなければ、とうてい監督の仕事を遂行することはできない。

「この監督のいうとおりにやれば勝たせてくれるに違いない」

「この監督についていけば大丈夫だ」

選手にそのように思わせることがなにより大切であり、そのために人望や度量や風格や言葉や判断・決断力や理論が必要なのである。いい換えれば、これらいままで述べてきたことは、「信頼」を獲得するための要件といっても過言ではないのだ。

では、選手の信頼を勝ち得るには、何をなすべきか。

「鉄は熱いうちに打て」というが、まさしく最初が肝心なのである。私はそれを〝ブレイザー〟

ことドン・ブラッシングゲームから教わった。

ブレイザーは、南海の精神野球にあきたらなかった選手時代の私に〝考える野球〟を教えてくれた恩人だった。私は彼からじつに多くのものを学んだ。それで私は、選手兼任の監督となったとき、彼をヘッドコーチに迎えることにした。

「外国人で大丈夫なのか」

そういう不安がなかったかといえば嘘になる。だが、そんな不安は最初のミーティングで消し飛んだ。ブレイザーはそれまで南海の選手が見たことも聞いたこともなかった野球理論や知識を伝授し、シンキングベースボールの奥深さを教えた。選手たちは圧倒されていた。そして思ったはずだ。

「いうとおりにやれば勝てる」

それが私の期待していたことであった。ブレイザーは選手たちの意識をまさしく「改革」した。選手たちはブレイザーを、私を、いっぺんで信頼するようになったのである。

ヤクルトの監督に就任したときも、私は最初のキャンプから選手たちをミーティングづけにした。そこで私の持てるすべてを叩き込み、選手に意識改革を迫ったのである。

「野球というのはこうやってやるのか」

選手たちが驚き、私のいうことを吸収していくのが、彼らの目の輝きや聞く姿勢から、手に取るように伝わってきた。

そう、意識改革こそが信頼を獲得する第一歩なのである。

選手は監督の「敵」であると私は考えている。というのは、監督がチームという組織を第一に考えるのに対して、選手はどうしても自己中心的に考えるからだ。

監督には「こういう野球がしたい」という理想があり、それを実現すべくそれぞれの選手の適性に応じて役割を分担させることで、戦略・戦術に沿って動かそうとするわけだが、選手はなかなか思うようには動いてくれない。監督の考えを理解させ、動かすために意識改革が必要不可欠なのである。

ただし、それはあくまでもスタートであって、それで終わりというわけではない。むしろ、そこからがほんとうの「戦い」である。そして、選手とのほんとうの信頼関係は、そうした日々の「戦い」のなかから築かれていくといっていい。

いくら意識改革に成功しても、選手が監督の意図をほんとうに理解し、いうとおりに動くようになるまでに時間がかかる。まして最初は結果が出ないから、最初はあった信頼もしだいに薄らいでいく。

だが、それに負けてはおしまいなのだ。たとえ結果が出ず、選手の不信感が募っていったとしても、それに負けずに、ミーティングや毎日の練習を通して目指す野球を選手に叩き込まなければならない。信ずるところを説き続け、「この監督についていけば大丈夫だ」と思わせなければならない。

それには、野球に関することだけでなく、すべての面において選手と勝負しなければならず、負けた瞬間にその監督は監督ではなくなる。それが「選手は敵」という意味であり、そうした戦いを通じてこそ、真の信頼関係が築かれるのである。

克己心なき人間に勝利なし

したがって、監督は自分自身に負けてはならない。いい換えれば、「克己心」のない人間に監督は務まらない。

先ほど、選手は監督の「敵」であるといったが、監督の敵はそれだけではない。対戦チームはもちろんだが、場合によってはオーナーや球団社長が立ちはだかるし、ファンとメディアも強大な敵になりうる。というのは、オーナーや社長は必ずしも全面的に監督を信頼し、献身的なサポートをしてくれるとは限らないし、ファンやメディアは結果が出ないと強烈なバッシングを浴びせるからだ。監督はそれらの敵とも戦わなければならない。監督とは孤独な職業なのである。

しかし、それは監督の宿命でもある。これらの敵がどれだけ強力であっても、確固たる信念と毅然とした態度を監督が持っていれば、おそれるに足りない。

とはいえ、監督といえども人間である以上、ボロクソに叩かれれば傷つくし、意気消沈もする。たとえ信ずるところを貫いても、いや貫くがためにすぐに結果は出ないから、自信を失いかけることもある。そんな自分につい負けそうになるのである。

事実、阪神時代の私がそうだった。自分自身に負けたことが、私が阪神で結果を残せなかった最大の原因だった。たしかに阪神の監督として私が対峙せねばならなかった敵は、ヤクルト時代とは比べ物にならないほど強大だった。だが、それらと戦う以前に、私は自分自身に負けていたのだ。

というのは、ヤクルト時代に日本一を達成してしまったことで、勝利を希求する気持ちが薄れてしまっていたのである。だから、思うようにならない状況のなかで、「もう限界だ」とか「これ以上はできない」と考えてしまった。そうやって挫けそうになる自分に打ち克つことができなかった。

かつてはヤクルトの選手として、いまは楽天でコーチとして私を支えてくれている池山隆寛と橋上秀樹が最近、こういっていた。

「ヤクルト時代の監督はものすごく怖かったです」

それを聞いて振り返ってみても、たしかに当時の私は自分でもカッカしていたと思う。若さばかりのせいではない。

「おれの信じる野球で絶対日本一になってやる！」

こうした強い気持ちがそうさせたのである。それが怖さとなって池山と橋上には映った。おそらく、当時の別の選手に訊いても同じ答えが返ってくるのではないか。

だが、阪神の三年間ではついにそんな強い意欲を持てなかった。そんなおのれを鞭《むち》打つ克己心も持てなかった。それが失敗の本質だったと思うのである。責任が重大であるからこそ、仕事量が膨大であるからこそ、克己心をつねに忘れないでいられるかが、監督の資格には絶対欠かせないのだ。

「能力」を問わなかったWBCの監督選考

ところで、「いまの監督が安っぽくなり、風格を感じさせなくなった」と私は書いた。思うに、その理由は、監督を選ぶ際に「能力」を問うことが少ないからではないだろうか。

監督を代えるときとは、たいがいの場合、チームが弱いときだ。勝てないから監督を代えるわけだ。当然、選考にあたっては監督としての能力が第一に考慮されなければならない。

にもかかわらず、能力がさほど問われないのが現在の監督選びの大勢なのだ。能力よりも「人気」や「人脈」、「年功序列」によって選出されているのが現状である。

なによりもそのことを明確に物語っていたのが、WBCの監督選考だったといえるだろう。連覇を目指す日本代表の監督は、当初星野仙一が有力だった。ところが北京オリンピックの惨敗が世論の反発を呼び、星野は辞退。ならばと、WBCを経験した唯一の監督であり、しかも優勝監督である王の就任を多くの人が期待した。

何事も経験に勝るものはないし、王は人格という面でも申し分なく、選手たちの信頼も厚い。王が監督ならば、国内の選手はもとより、イチローをはじめとするメジャーでプレーする選手も喜んで出場するはずだった。

ところが、王は健康上の理由で監督を務めることが不可能になった。

「それならば星野でいいではないか」

私はそういった。星野にリベンジさせてやればいいと思ったからである。実際、なぜか私もメンバーに加わったWBC体制検討委員会の席で、王が「現役監督ではむずかしい」との見解を示したこともあり、一度は星野に決まりかけたのである。

ところが、世論の反発に加え、イチローが「最強のチームをつくるというのに現役監督はないというのは、最強のチームをつくろうとしているようには思えない」と発言したことで、星野がまたもや固辞することになった。

「さあそれでは誰だろう」という雰囲気になったとき、加藤コミッショナーから「日本野球はいま、世代交代の時代に来ていると思う」との発言があった。「世代交代」という言葉を耳にしたとき私は、こちらに監督の矛先が向いたら困るという気配を感じた。それでも周りを見わたす限り、候補は誰も見当たらない。

「だったら、おれにくるのかな」

正直いって、私はそう思った。しかし、次の検討委員会で私の名前があがることはなく、ご承知のように巨人軍監督の原辰徳の就任が決まった。星野が「原でいいではないか」という発言をしたのである。

「出来レースじゃないか」

思わず私は口走ってしまったが、というのも、この決定にはWBCのアジアラウンドを主催する読売グループの意向が働いていたとしか思えなかったからである。検討委員会なるものが急遽組織されたのも、民主的に議論を尽くしたというかたちを世間に示すことが理由だったのではないかとの懸念が拭えないのだ。

「能力」という基準を第一に置けば、私はともかくとしても、少なくとも落合の名前があがってしかるべきだ。が、落合の「お」の字も出てこなかった。疑問に思った私は、「落合の名前が全然出てこないのだけれど……」と発言すると、王が間髪いれず即答した。

「落合はダメだ」

「味方の選手がホームラン打っても腕組みしているような監督はダメだよ」というのである。

「あ、そう。じゃあおれもダメだね」

私はいったのだが、同時に情けなく感じた――「そんな幼稚な決め方でいいのかよ」

「野球は〝間〟のスポーツである」と私は常々いっている。一球ごとに間があるというのは、「そのあいだに考える、備える」時間が与えられているのだと考えている。

したがって、野球の監督が果たす役割は、ほかのスポーツよりはるかに大きい。ほかの競技の監督が「ヘッドコーチ」と呼ばれるのに対して、野球のそれが「マネージャー」と称されるのは、そこにも理由があると思うのだが、いずれにせよ、監督の采配は勝敗に直結する。

ＷＢＣのように、臨時編成チームで戦い、しかもひとつの敗戦が大きく響く短期決戦であればなおさらだ。監督選考は、選手選考以上に重要視されなければならない。にもかかわらず、能力よりも、「人気」や「人脈」、「年功序列」が優先されるのが、ＷＢＣに限らぬ日本の監督選考なのだ。

監督選びの失敗が巨人の衰退を招いた

Ｖ９以降の巨人の凋落も、そうした監督選びが大きな原因になったと私は考えている。Ｖ９までの巨人は、三原―水原―川上と、しかるべき資質を備えた人物が監督に就いていた。しかも、後継となるべき人間は、選手時代からしっかりとした帝王学を学んでいたふしがある。

ところが、川上さんのあとを継いで長嶋が監督に就いたころからおかしくなった。とはいえ、長嶋も川上さんから次期監督としての心得を学んでいたのは事実である。現に、私が監督だったころの南海と巨人のあいだにトレード話があり、その交渉の席に選手である長嶋が川上さんに伴われて同席していた。驚いた私に、川上さんはいった。

「長嶋は次期監督になる男です。ついては、トレード交渉とはどういうものか見せておきたいので、同席することを許してほしい」

が、結果として第一次長嶋政権は失敗に終わった。その六年間で、長嶋が監督として失格であることは傍目《はため》にも明らかだった。にもかかわらず、巨人は再び長嶋を監督に据えた。どう考えても、彼の持つ国民的な人気に配慮したとしか思えない。そして、ここから巨人は完全におかしくなった。その後も巨人の監督選考は、いずれも能力が優先されたとは考えにくい。

このことは、同じ人気球団の阪神についてもいえる。阪神の歴代監督は巨人同様、たいがいOBが務めてきた。しかも、ほとんどがチーム生え抜きの人気選手だった。そのうえ、阪神という球団は昔からチーム内につねに派閥があり、これも監督人事に大きな影響を与えていたと思われる。つまり、「人気」「人脈」「年功序列」によって監督選びを繰り返してきたのが阪神の歴史なのである。

阪神が長らく低迷した大きな原因は、ここにあったと私は思う。その証拠に、阪神が復活したのは、まったく縁もゆかりもなかった星野仙一を「能力」を最優先して監督に迎えてからだった。いい換えれば、監督をいかに選ぶかということは、たんにそのときのチームだけでなく、のちのちのチームにも大きく関係してくるのである。

その星野を監督に推薦したのはじつは私だった。星野を推薦したのには理由があった。三年間、阪神の監督をやって感じたのは、このチームの選手たちは周囲の人たちに甘やかされているから非常に幼児性があり、多分に気分で野球をやっているという印象が強かった。それで恐怖を与えるような監督がいいと思ったのである。私のように「理を以って戦う」タイプではとても務まらないと実感したからである。

まぶしすぎる光は人を誤った方向に導く

なぜ「人気」「人脈」「年功序列」を優先してはいけないのか。

「人気」先行がダメな理由の第一は、仮に好成績をあげられなかったとき、本来なら批判は監督に向かうべきなのに、それがコーチ陣やフロントに向かうことである。失敗の理由を監督以外のほかの人間に求めることで、問題の本質がすりかわったり、うやむやになったりしてしまうのだ。

たとえば、長嶋が二度目の監督になる前の巨人の監督だった藤田元司さんは、二年続けて優勝を逃したという理由で解任の憂き目を見た。ところが、長嶋は第一次政権で三年間優勝できなかったばかりでなく、二回目の監督時代も三年優勝を逃したにもかかわらず、続投を許された。詰め腹を切らされたのはコーチ陣である。こんなことをしていては、なぜ勝てなかったのかを検討できるわけがなく、したがって同じ間違いが繰り返されるに決まっている。

第二に、パフォーマンスで人気を博した人物は、とかく派手な野球を好むことがあげられる。はっきりいえば、ただ打って投げるだけの、技術力に頼った荒っぽい野球である。たしかに、それがはまれば強いだろうが、野球はそんなにかんたんなものではない。四番だけを集めれば勝てるものではないのである。

また、彼らはスター選手だったがゆえに、主役願望が強い。そのため、試合でも自分が目立とうとして動きすぎるだけでなく、現役時代から自分中心でプレーしていたので、相手の立場で考えられない。作戦が読めないし、データを活用する術を知らないばかりか、その必要性を認めない。いい換えれば、野球の本質を理解していないのである。

そして最後の理由は、「千里の馬はあれども、ひとりの伯楽はなし」。つまり、名選手は限りなくいるが、それを御する者はそういないのである。名選手は必ずしも名監督たりえない。なぜなら、名選手には並の選手や二軍の選手の気持ちが理解できないことが多いからである。

名選手、ましてや長嶋のような天才は――もちろんその陰では血を吐くような努力をしているはずだが――往々にして感覚と対応力だけで抜群のパフォーマンスを発揮できた。だから、ほかの選手も同じことができると考えてしまう。自分と同じレベルで評価するのだ。

「光があって陰がある」というが、光がまぶしすぎれば陰は見えない。陰を見えなくさせるほどのまばゆい光は、人間を誤った方向に導いてしまう可能性が高い。

むろん、監督にも人気はあったほうがいい。だが、いかに一挙手一投足が話題となり、観客を呼び、あるいは視聴率を稼げるか、それを監督としての資質より重視するのは、監督という仕事を軽視する以外の何物でもなく、冒涜《ぼうとく》するものであるといってもいい。

人脈と順番を優先するなら明確な意思を持つべし

「人脈」による選び方というのは、その球団に大きな影響力を持つ人物と関わりの深い人間を監督にするというやり方だ。具体的にいえば、巨人でいえば川上さん、南海なら鶴岡さんのような有力OBの息のかかった人間や、オーナーの覚えがめでたい人間を据える人事である。逆に、そうした人脈からはずれた人間が冷や飯を食わされるのは、大企業などでもよくある話だと聞く。

そして最後の「年功序列」とは、「人気」と「人脈」とも重なるが、要するにチームの生え抜き選手を順番に監督にしていく方法といえる。「今度はおまえの順番だから」というわけである。

かつてはパ・リーグの強豪だった南海が衰退したのは、この「順番」による監督選びが続いたことが原因だったと私は思っている。鶴岡さん勇退後の南海は、スター選手だった飯田徳治さんが一年だけ監督を務めたあと、私が選手兼任で八年間指揮を執ったのだが、鶴岡さんになぜか疎まれ、解任された。

その後、監督になったのは、広瀬叔功《ひろせよしのり》、穴吹義雄、杉浦忠。いわば鶴岡さんの子飼いである。

そして、誰も結果を残せず、南海はダイエーに身売りされることになった。しっかりと能力で選んでいたら、変わっていたと思うのだ。たんに有力OBやオーナーから可愛がられているから、順番が来たからという理由だけで監督にしても、成功するわけがないのは当たり前なのである。南海はみずから転落の道を歩んだのである。

ただ、誤解なきよう付け加えておけば、「明確な意思」を持った順番制であれば、必ずしも否定すべきものではない。いや、むしろチームにとって有益であるとさえいえる。つまり、次期監督候補となる人材を選手のころからピックアップしておき、監督としての心構えや覚悟といった帝王学を仕込んでおくわけである。それがうまく機能しつつあるのがヤクルトだといっていい。

監督だったとき私は、「次は誰を監督にするつもりですか?」とオーナーに尋ねたことがある。オーナーは明確な返事はしなかったが、その後若松勉がコーチとして復帰した。そのとき、私は思った。

「次は若松だ。そして、若松のあとを古田敦也に継がせるつもりだな」

だから私は、若松や古田をそばに置き、その方向で接した。とくに古田には強く「お前は試合中必ず俺のそばにいろ」と言い伝えていた。

結果的に古田が予想外に早くやめたことで、急遽高田繁を招聘《しょうへい》することになったが、同時に荒木大輔を呼び戻した。ということは、次は荒木、そしてゆくゆくは宮本慎也がその後を襲うという路線が敷かれているに違いない。

「自分が監督候補である」という自覚を持って日々を過ごしていけば、野球を見る目、考え方がおのずと変わる。一選手であるときとは違う視点で思考するようになる。ヤクルトが毎年のように主力選手を失いながらもつねにそれなりの成績を残し続けているのも、そうした監督養成システムが機能していることも大きい。監督が代わっても、「ヤクルトの野球」が受け継がれ、ブレが生じることがないのである。

人を遺すことが指導者の最大の条件

その意味では、監督の最大の条件とは、「人を遺《のこ》す」ことといえるかもしれない。いや、監督の仕事とは、突き詰めればそれに尽きるのではないか。

中国のことわざに、こういうものがある。

財を遺すは下、仕事を遺すは中、人を遺すを上とする財産を遺すより、業績を遺すより、人を遺すことこそがもっとも尊いという意味だろうか。

プロ野球の監督も同様だ。どれだけの人材を育てたかということこそ、その監督が名監督であるかどうかをはかるもっとも明確な基準になると私は考えている。

断っておかなければいけないが、私が「人材を育てる」という意味は、たんに選手として一人前にするということだけではない。その前に、「人間として一流」にしたかどうかが大切なのである。そう考えれば、名監督の条件とは――これまで述べたことを覆すようだが――優勝回数や野球の知識といった目に見えるものだけではないのである。

先ほどの言葉を、私は色紙に書いたことがある。すると、ファンの方から抗議がきた。

「財を遺すために一所懸命働いているのに、〝下〟とは何事か！」

そういうのである。私は愕然《がくぜん》とした。財産を遺すことも仕事を遺すことも大変なことであるのはいうまでもない。が、人を遺すことはそれ以上に困難で大切なことであり、人を遺せば、財産も業績もついてくる――私はそういう意味を込めたのである。極言すれば、そもそも人間とは人間を遺すために生まれてくるのではないのだろうか。

とどのつまり、いまは世の中全体でそういう考え方が多数を占めるようになったという現実の現われなのだろう。みんなが財のことを最優先するようになっている。もっといえば、財しか考えなくなっている。だから結果しか見ないし、プロセスを軽視する。おとながそういう考えでは、まともな子どもが育つわけがない。

それはプロ野球の世界も同じである。監督の仕事とは「人づくり、試合づくり、チームづくり」であると私は自分に言い聞かせている。そして、なかでも大切なのが「人づくり」だと考えている。

にもかかわらず、いまの監督で「人づくり」に力を注いでいる監督がいったい何人いるか。「野球学」ばかりなのである。だいたい、人をつくれなければ、チームも試合もつくれるわけがないではないか。これでは風格のある監督がいなくなるのも当然といっていいのである。

「人間的成長なくして技術的進歩なし」――これを理念にしている自分の考え方は間違いないと私は信じている。

第四章　「無形の力」が弱者を勝利に導く

優勝するべくしてするチームと優勝するにふさわしいチーム

優勝するチームにはふたつある――常々、私はそういってきた。「優勝するべくしてするチーム」と「優勝するにふさわしいチーム」である。

このふたつはどこが違うのか。

まず、「優勝するべくしてするチーム」とは、才能のある選手を多数揃え、圧倒的な戦力を持って敵を蹴散らすような、絶対的な強さを持つチームのことだ。近年の巨人がまさしくその代表である。

二〇〇八年のシーズン、巨人は最大一三あった阪神とのゲーム差を逆転し、レギュラーシーズン優勝を飾った。これは、長嶋監督のときの〝メーク・ミラクル〟を超えたとして、〝メーク・レジェンド〟と呼ばれることになった。

しかし、私にいわせれば、それは奇跡でも伝説でもない。なぜなら、勝って当然だったからである。

もともと他チームがうらやむほどの戦力を持っていたところに、巨人はこの年、ＦＡでヤクルトの主砲ラミレスと最多勝エース、グライシンガーを獲得した。これで優勝できないほうがおかしい。にもかかわらず、一時は優勝が絶望視され、最後までもたついたのは——つねに弱小チームを率いてきた私の僻目《ひがめ》もあるのだろうが——むしろ恥ずべきことだと思う。

逆に大逆転をくらった阪神の岡田彰布監督は、Vを逸した責任を取って辞任することになったが、逆転されたことばかりがクローズアップされ、一時は巨人を一三ゲーム離したという事実にほとんど着目されることがなかった。

この年の阪神は、戦力ではやはり巨人に見劣りした。それが最後に踏ん張りきれなかった最大の理由だったと思うが、限られた戦力を使い、あれだけ独走したという意味では、岡田はもっと評価されてよかったはずだ。

それはともかく、つまり「優勝するべくしてするチーム」というのは、誰が見ても「強い」と思わせる、巨大な戦力を有する「強者」のことを指すわけだ。

対して、「優勝するにふさわしいチーム」とはどういうものか。

こちらは、必ずしも選手個々の素質には恵まれていなくても、確固たるビジョンと哲学を持つ監督のもと、明確な意思統一がなされ、一丸となって戦うチームのことをいう。つまり、野球の本質を全員が理解し、選手個々が何をするべきかを知って自らの責任をまっとうするチーム。それが「優勝するにふさわしいチーム」だと私は考えているのである。

具体例をあげれば、川上監督に率いられて、九連覇を達成したころの巨人や、広岡達朗、森祇晶両監督のもとで黄金時代を築いた西武ライオンズといったチームがあげられよう。手前味噌になるが、かつて私が指揮を執ったヤクルトも、そのひとつに含めていいと思う。

そして、「するべくして優勝するチーム」と「優勝するにふさわしいチーム」のどちらが「真の勝者」かといえば、いうまでもなく後者である。では、「優勝するにふさわしいチーム」の条件とは何なのか——。

相手をいやがらせる適材適所

ひとつめは、「適材を適所に配置する」ということである。

よくいうのだが、野球というスポーツは、優れた才能を持つ選手を揃えればそれで勝てるというものではない。いやもちろん、そういう選手たちがフルに持てる才能を発揮できれば強いのは事実なのだが、不思議なものでそういうケースは稀であるし、往々にして才能あふれる選手はよくいえば個性的、悪くいえばわがままだから、自由奔放にプレーし、まとまりを欠く。なにより、毎年のように四番打者を獲得した巨人が、必ずしも優勝できなかったことが、個々の才能だけでは勝てないという野球の特質を物語っているといえる。

野球には九つのポジション、九つの打順がある。それぞれにはそれぞれの条件や役割があり、したがってその役割を果たすために求められる適性も当然異なるわけだ。つまり、個々人の才能の合計＝チーム力になるとは限らないのである。

だからこそ適材適所が大切なのであり、たとえ個々の才能は多少劣っているチームであっても、適所に配された適材が自分の役割をまっとうすることで一致団結すれば、つけいる隙は充分にあるわけだ。そこが野球という団体スポーツのおもしろさでもある。

チームをつくるとき、私がいつも意識していたのは、Ｖ９時代の巨人であった。当時の巨人は、まさしく適材適所のチームであった。王と長嶋の存在があまりに巨大なため、彼らふたりがいたから勝てたのだという誤解をよくされるが、それだけでは九年間も勝ち続けることなど絶対に不可能だ。

では、適材適所がなぜ大切なのか――それだけで相手に嫌な感じを与えるからである。

ヤクルトの監督時、巨人戦を前にミーティングを行ったときのこと、白板に書かれたオーダーを眺めて高津臣吾がため息をつき、こういったことがある。

「すげえなあ……」

しかし、私はいった。

「全体で見るな。ひとりひとり寸断して見てみろ」

打線は単なる打順とは違う。「打線」とはよくいったもので、一本の線としてつながっていなければならない。そのときの巨人のオーダーは「打順」にすぎなかった。「線」ではなく、「点」の集合だった。だから、ひとりひとり寸断することができた。いくら強打者であっても弱点はある。きちんと攻略法を練り、集中してひとりひとりのバッターと相対すれば、おそれるに足りない。

そもそも、つながりというのは対戦相手が意識するものだ。じつは、個々の打者というものは自分の打席のことで精一杯。せいぜい「なんとか塁に出よう」とか「ここはランナーを進めよう」程度しか考えておらず、したがってつながりなどということはそれほど意識していない。ところが、対戦相手は違う。「こいつは塁に出すと、四番につながるな」「次の打者は小技がうまいから、何かしかけてくるかもしれない」などと、様々なことを考える。いい換えれば、つながりとは守る側が意識するものなのであり、だからこそ、攻める側は対戦相手がいやがる打線を組む必要があるわけだ。

その意味でも、V9時代の巨人の打線は卓越していた。ONが三番、四番にどっしりと座り、柴田勲、土井正三、高田繁、黒江透修《くろえゆきのぶ》といった、地味ながらもそれぞれ特長を持ち、自分の責任をまっとうする選手が適所に配されていた。そうした打線は、気持ちのうえでも線としてつながっている。だからこそ、チームとして機能したのであり、対戦相手はそれをおそれたのである。

弱者を強者に変える無形の力

優勝するにふさわしいチームの条件、そのふたつめは「無形の力」を備えていることである。たびたび口にしていることだが、私は「体力・気力・知力」のうち、前のふたつだけを強調する野球を嫌悪する。高校野球ならともかく、プロならばそんなものはあって当然。知力で勝負することこそがプロの戦いであり、そこに野球の本質はあると思っている。

だいたい、一球ごとに生じる野球の「間」とは何を意味するのか。「そのあいだに考えろ、備えろ」といっているのである。一球ごとに移り変わる状況や心理状態を見極め、次に起こることを予測して、もっとも成功する確率の高い作戦を選択する。そのための時間が与えられているのだと私は解釈している。

そうした作業の精度と確度が勝敗を大きく分けるのであり、いい換えればそのことは、弱者であっても強者に勝てることを意味していることになる。野球のおもしろさ、醍醐味とは、まさしくそこにあるといっていい。

一〇〇メートル走るのに一二秒かかるランナーは、一〇秒で走るランナーには自分の力だけではどうやっても勝てない。相手の失敗を待つしかない。野球は違うのである。一二秒のランナーでも、日頃の教育と考え方と準備次第で、勝てる可能性が充分にあるわけだ。そして、「考え、備える」ために必要不可欠であり、最大の武器となるのが、「無形の力」なのである。

無形の力とは、文字どおり「かたちにならない力」、すなわち「目に見えない力」のことを指す。具体的にいえば、「分析」「観察」「洞察」「判断」「決断」「記憶」としてまとめられようか。

まず「分析」とは、データや情報を収集・分析し、研究することをいう。事前の「準備」といってもいい。ただし、データはあくまでも過去に起こったことの傾向である。したがって、絶対ではない。それを妄信してはならない。

そこで重要になるのが「観察」と「洞察」だ。このふたつでデータをいわば補強し、より正確な情報に変換するのである。

「観察」とは、目に見えることから情報を引き出す行為だといっていい。たとえば、バッターが打席に入るときの仕草や、ボールを見逃すとき、あるいは打ちにいったときのステップや肩の動き、タイミングが合っているか否かなどを注意深く観察すれば、バッターの狙いというものはだいたい見当がつくものだ。

こうしたあらゆる行動をチェックし、情報を引き出せれば、次の一球に対する攻め方は大きく変わってくる（もちろん、そのためには「相手打者が何を考えているか絶対見破ってやる」

という執念が必要不可欠であるが……）。攻撃の際でも、バッテリーの動きを注意深く見守っていれば、それだけ狙い球も絞りやすくなるわけだ。

だが、観察だけではまだ不十分。そこに「洞察」が加わってこそ、情報はより無欠なものに近づくのである。

観察が「目に見えるもの」から情報を引き出す力であるならば、「洞察」は「目に見えないもの」から新たな情報を獲得する力のことを指す。その最たるものが、相手の心理を読むことである。人をしてそういう行動に駆り立てる心の内を見抜く行為だといえようか。

たとえ「このバッターはこのケースではこういう行動をとる」というデータがあったとしても、まったく同じ状況はないのだから、心理状態は微妙に変化する。とすれば、行動も当然変わってくる。そこで、観察と並行して、相手の心の動きを洞察していくことが非常に重要になるのである。試合の流れの読み、チャンスとピンチにおける取り組み方という状況把握能力もこれに含まれるといっていいだろう。

「判断」とはこうして得た情報をもとに、もっとも成功する確率の高い作戦を選択することにほかならず、これらの行為を経た結果は、「記憶」として蓄積され、データを捕捉することになる。この蓄積が多ければ多いほどデータとして有益となり、判断における正解率がより高くなるという循環を招くのである。

こうした力は眼には見えない。そうしたものを私は「無形の力」と呼んでいるわけだ。そして、この無形の力は有形の力――戦力の多寡や技術力など――に勝るというのが私の信念であり、これまでのプロ野球生活で体得した真理であるといっても過言ではない。

なぜなら、有形の力は「有限」であるからだ。いくら技術に優れた選手を集め、好きなようにプレーさせても、選手には必ず好不調がある。どんなに素質に恵まれ、好調なバッターであっても一〇割は打てないのである。一〇回に七回程度は失敗する。絶対的な力を持ったエースであっても、毎試合完封することは不可能だ。しかも、そうした有形の力は、選手が入れ替われば選手とともに失われてしまう。

しかるに無形の力は磨けば磨くほど研ぎ澄まされる。スランプもない。しかも、チームとして共有できる。ということは、選手が代わってもチームの財産となって受け継がれていくのである。

無形の力としてのささやき戦術

現役時代、私はマスク越しにピッチャーやバッターに話しかける、いわゆる〝ささやき戦術〟を多用した。これも弱者の戦術であり、無形の力のひとつといっていい。バッターにささやくことで私は、バッターにとってもっとも大事な集中力や積極性を攪乱《かくらん》しようとしたのである。

具体的には、味方ピッチャーに対して「まともに勝負するな、ボールから入れ」とか、二球目以降は「ひとつはずせ」と声を出す。もちろん、本気ではない。事前にピッチャーには「おれのいうことはいっさい無視しろ。サインだけを見て投げろ」と伝えてある。そうやってバッターに迷いを生じさせるようなひと言を発したのである。ささやきは長い話より短いひと言のほうが効果的だと思う。

大ファールのあとやタイミングがドンピシャの空振りのあとは、「タイミングが合ってるぞ」と大声を出す。すると、バッターは「次は同じボールはこないな」と考え、別の球に狙いを絞るかもしれない。そうなれば、もう一度同じ球を投げさせてもいいし、ほかの球を投げさせても効果的だと思うのだ。

バッターに対しては、飲み屋で得た情報や私生活の話題をつぶやいた。あるとき、東映フライヤーズ（現北海道日本ハムファイターズ）の大杉勝男に「うるせえ！」と怒鳴られて喧嘩になったこともあるし、やはり東映にいた白仁天《はくじんてん》などは耳栓をしてバッターボックスに入ってきた。が、そうした行動はそれだけ私のささやきが気になっているということの証《あかし》だったに違いない。私の狙いは成功することが多かったのである。

ところが、そんなささやきが通じない選手がいた。長嶋である。

「最近、銀座行ってる？」「一茂は元気かい？」

さまざまな話題を振ってみるのだが、長嶋は聞いているのかいないのか、「ノムさん、このピッチャーどう？」とか「いいボール放るねえ」とまったく関係ない答えを返してきた。

王にもやはり通じなかった。ただし、彼の場合は一応相手になってくれる。

「最近、彼女とはうまくいってる？　顔を知られているからデートもできんで大変だなあ」

私がそういうと、「いい加減にしてくださいよ」と気にはしているようなのだが、ピッチャーがモーションに入ると、そんなことはまったく忘れたかのように、ものすごい集中力を発揮した。それを見て、「こいつには無駄だ」と思ったものだ。

張本勲に対しても、私はささやくのをやめた。というのは、彼の場合はそれで試合が中断してしまうからだ。張本はああ見えて非常に神経質な男で、毎回バッターボックスに入るとき、ホームベースを基準にして軸足の位置をバットではかって決めていた。そんなときに話しかけようものなら、彼はボックスに入ろうともしなくなる。また、構えてから話しかけると今度は構えを止めてしまうので、これにはこちらがまいってしまって、彼にもささやき戦術は仕掛けないことにした。だから大声で一言、味方投手に声を発することにした。

無形の力は選手に優位感を与える

話がややそれた。

さて、ヤクルトでも阪神でも楽天でも私は、選手たちに優位感を植え付けることに腐心してきた。選手が「自分たちはほかのチームより進んだ野球をしている」という意識を持つことは、非常に大切だからである。そういう気持ちを持てれば、大きな自信になるだけでなく、相手が奇策めいたことを仕掛けてきても、あわてることがない。逆に、そういう意識を持てないと、「相手が何かをしてくるかもしれない」と疑心暗鬼を起こし、集中力を乱す。それが劣等感となり、ひいては負け犬根性につながっていくのである。

巨人が創立以来、一貫して盟主と呼ばれる座に君臨し続けることができたのも、ほかのチームに対して優越感を抱いていたという理由が大きかったと私は見ている。そして、それを可能にしたのが「おれたちが日本の野球をリードしているのだ」「我々はドジャースの戦法などを早くから取り入れ野球界で先陣を切っている」「我々はお前たちとは違うんだ」という誇りと矜持《きょうじ》ではなかったかと思う。

極論すれば、少なくともV9時代までの巨人が戦っていたのは、ライバルチームではなかった。創立者である正力松太郎氏の「アメリカ野球に追いつき追い越せ」という檄《げき》のもと、いわば「世界」を相手にしていたと私は思うのである。

巨人は一九三四年の球団創設と同時に、アメリカに武者修行へと旅立っている。ばかりか、プロ野球がスタートした一九三六年にもアメリカ遠征を敢行している。当時の選手たちは、「おれたちが日本のプロ野球をつくるのだ」という使命に燃え、誇りを持っていたに違いない。そして、そうした精神をその後も持ち続けていたように私には見えた。

事実、最新の情報や戦術をいち早く取り入れたのはいつも巨人であった。私のいた南海をはじめとするほかのチームが体力と気力だけの精神野球をしていた時代に、巨人はすでに知力を駆使する野球を展開しようとしていた。水原監督はブロックサインやツープラトンシステム（相手先発が右投手であるときは左打者を、左投手なら右打者を中心に打線を組む戦術）をはじめとする新しい戦法を導入し、川上監督は『ドジャースの戦法』を教科書にして個人の集合体としてしか認識されていなかったチームというものに、チームプレーという概念を持ち込んだ。のみならず、巨人はそれを独自に消化し、新たな発想と解釈を加えて〝巨人野球〟をつくりあげ、受け継がせていった。

いってみれば、われわれが巨人に勝つことを最大の目標にしていたのに対し、巨人ははるか高みを目指していたのである。そのことが巨人の選手に優位感を与え、ライバルチームにはコンプレックスを植え付けた。われわれは、巨人にいつも驚かされ、圧倒されていた。われわれは、巨人の持ついわば無形の力と戦わなければならなかったのだ。

そう、無形の力は、「自分たちはほかのチームより高度な野球をしている」という優位感も与えてくれるのである。

私は選手を指導する際、「ツボ」「コツ」「注意点」の三点をポイントに掲げている。ツボとは相手バッテリーの配球の傾向、打席で狙うべき球種、相手打線の弱点や攻略法を探すといったこと。「ここを見ろ」というものだ。コツは技術のこと。すなわち、打つ、投げる、守る、走る、それぞれについての要諦、急所。そして、マークすべきバッターのホームランゾーン、ヒットゾーン、得意な球種とコースというような、「ここだけは気をつけろ」というものが「注意点」である。

これらを選手に明確かつ的確に伝えられ、理解させられれば、チームはおのずと正しい方向に進む。監督と選手の見るものと考えることが共有されるのだから、ブレることがない。こうした力が蓄積されることで、選手に自信が生まれる。「おれたちの野球はほかとは違うのだ」という優位感が育まれる。そして、先ほども述べたように、そうしたものは選手が代わってもチーム内に息づき、受け継がれていくのである。

スコアラーには「表現力」を、選手には「準備」を

無形の力を生み出すいわば源泉のひとつがデータである。データの精度は、無形の力の熟成に直結する。そのために重要なのがスコアラーの存在だ。したがって、私はスコアラーの教育には非常に力を入れる。

ヤクルトの監督に就任したとき、スコアラーから届けられるデータのほとんどは、パーセンテージで示した数字だった。たとえば、このピッチャーの投げる球種はストレートが何パーセント、カーブが何パーセントといったように……。それを見て私はいった。

「そんなものはテレビ局にでもくれてやれ！」

無形の力を活かすために必要なデータとは、「統計」ではない。具体的でなくてはならないのだ。データは具体的でなおかつ戦力になるようなものでないと意味がない。私がほしかったのは、状況ごとのバッテリーの配球パターンやバッターの傾向といったものなのである。

具体的にいえば、「一二種類あるボールカウントごと、そのピッチャーはどういうボールを投げてくるか」「ストレートは何球まで続けるか」「どういう状況でキャッチャーのサインに首を振ったか」。バッターなら「大きな空振りやホームラン級のファールのあと、どういうバッ

ティングをしたか」「甘いストレートを見逃したとき、次のボールにどういう反応を示したか」といったような情報である。いわば、心理に関するものなのだ。そして、そのデータは細かければ細かいほど有益だ。

こうしたデータの必要性は、私自身の体験から学んだものである。以前にも述べたが、私はデータを導入することで一流選手の仲間入りができた。具体的にはスコアラーがやるように、相手バッテリーの配球をカウント別に記入していったのだが、そうしているうちに、ピッチャーには傾向があることに気がついたのである。

たとえば、得点圏にランナーがいるケースでは、〇—二のようなバッター有利のカウントで投げてくるのはほとんどがスライダーで、ストレートはまれ。ところが、ランナーがいない状況だと、同じ〇—二でもストレートが多いのである。そうやって、バッター有利のカウント、ピッチャー有利のカウント、ランナーの有無、得点圏にランナーがいるかいないか……といった状況ごとに見ていくと、ピッチャーのストライクの取り方、三振や内野ゴロの打ち取り方などのパターンがわかってきた。

バッターに対しては、バッティングゾーンを中心に九×九のマスに区切り（うちストライクゾーンは五×五）、バッターの得意コースや苦手コースを調べていった。すると、「右バッターも左バッターもストライクゾーン上限よりボールひとつぶん高い高さの、真ん中から内角にかけてのストレートを空振りするケースが多い」「ストライクゾーンから内角にボールひとつはずすとファール」「下限の上下ひとつぶんの内外角は、変化球を投げるとゴロになる確率が高いこと、とくに外角低めは万人共通のゴロゾーンである」といった事実が証明されると同時に、それぞれのバッターを「ストレートを待ちながら変化球に対応しようとするタイプ」「内角か外角、打つコースを決めているタイプ」「ライト方向かレフト方向か、打つ方向を決めているタイプ」「ヤマをはるタイプ」に分けることができたのである。バッターとして、またキャッチャーとして、私は集めたデータをこのように活かしたわけだ。

解説者時代は、試合を見るときに七色のボールペンを使ってピッチャーの球種を記入していた。赤はストレート、緑はカーブ……というふうに。すると、スコアブックを眺めているだけで、さまざまな傾向が浮かび上がってきた。

たとえば、巨人と対戦したあるピッチャーの試合前半の配球は、一、二球目は赤で記入されていることが多かった。ということは、一、二球目はストレートが多いということだ。ところが、後半になると赤が少なくなった。巨人打線がストレートを狙うようになり、バッテリーが警戒するようになったからである。

あるいは、あるピッチャーは緑がふたつ続いても、三つは続かなかった。つまり、カーブを三球続けて投げることはないわけだ。であるならば、もし二球カーブが続いたら、バッターは、次はストレート系に狙いを絞ればいいのである。

つまり、私がスコアラーに求めるのは、このような相手の配球のクセを見つけ出すことなのである。いい換えれば、集めた統計をどのように加工し、具体的に「表現」するか。そこが大切なのである。

とくにキャッチャーが何を根拠にサインを出しているのかを調べてほしいと依頼する。たんに勘だけなのか、成り行きまかせなのか。それとも打者を見て出しているのか、ピッチャーを中心に考えて出しているのか。それを見破ってほしいと要求するわけだ。そこがわかれば、狙いが絞りやすくなるからである。

スコアラーに説くのが「表現力」の大切さなら、選手たちに強くいうのは、そのデータをどう使うか、つまり、いかに「準備」するかということである。

バッターが打席に向かうとき、いやしくもプロであるならば得点差、アウトカウント、ランナーの有無といった状況くらいは考慮する。もう少しすぐれたバッターなら、ピッチャーやキャッチャーの心理状態まで頭を巡らすはずだ。

その結果、「ストレートを狙おう」と決めたとしよう。だが、それだけでは準備が整ったとはいえないのである。

ボールカウントには〇―〇から二―三まで一二種類あるわけだが、それぞれのカウントになったときの相手バッテリーの心理状態はそれぞれ違う。にもかかわらず、たんに「ストレートが来たら打つ」というのでは、どんなストレートにも手を出してしまう。結果、つり球に引っ掛かったり、むずかしいコースを引っ掛けたりしてしまうのである。

そうならないために考えなければならないのは、「ストライクのストレートだけを狙う」とか「バットのヘッドが下がらないように打つ」といったことだ。「スライダーを待つ」のなら、「外に逃げるスライダーは引っ掛けて内野ゴロになる確率が高いから、内に入ってくるスライダーだけを叩く」というように、狙いを絞ることだ。つまり、二段構えの準備なのである。

守りにおいても、同点で無死満塁のケースで内野ゴロに打ち取った際、一点を捨ててもダブルプレーを狙うのか、それともバックホームで失点を阻止するのか。あるいはヒットを打たれたとき中継プレーで各選手がどのように動くかは、事前の準備をしっかり整えておかなければスムーズにいかず、準備を怠ったがために大切な勝ち星をみすみすフイにすることもある。だからこそ私は「一に準備、二に準備」と口をすっぱくして選手にいっているわけだ。

野球は「確率の高い作戦を選択するスポーツ」である。その選択の根拠となるものが準備であるといっても過言ではない。入念な準備は、選択を誤る確率を低くさせ、集中力を持続させるのである。

「欲から入って欲から離れる」ことの重要性

いうまでもなく、野球は団体競技であり意外性のスポーツである。だからこそ、力が劣るチームでも強者を倒すことができるわけだが、そのためにはチームが一丸となって戦うことが絶対に必要だ。それだけに「フォア・ザ・チーム」の精神がどれだけ徹底されているかは、チームの実力を示す重要な要素となる。これが優勝にふさわしいチームの三つ目の条件である。

「チームのために貢献したい」

ほとんどの選手はそういう。事実、本心から自分はそうしたいと考えているのだろう。ただ、そんな選手の多くを見て、私はこう思うことがしばしばなのである。

「彼らは〝チームのため〟という意味をほんとうに理解しているのだろうか……」

「自分が打つことがチームの勝利につながる」「自分が勝ち星をあげることでチームに貢献する」——彼らはそのように考えているのではないかと……。

「どこが悪いのだ」と疑問を持つ方もいらっしゃるだろう。「そう思うのは当然だ」といわれるかもしれない。

けれども、こうした「自分の成績が上がればチームの成績も上がる」という考え方は、私にいわせれば「チームよりも自分を優先している」ことにほかならないのである。「野球の本質をまったく理解していない」といわざるをえない。

選手の評価はまず数字でなされるから、「一本でも多くヒットを打ちたい」「ひとつでも多く勝ちたい」と思うのは当然だ。「自分の成績が上がることがチームに貢献することになる」という考え自体は間違っていない。

しかし、それが「自分の成績を伸ばすことでチームに貢献する」という考え方に変換されてしまってはいけないのである。

「チームのためにヒットやホームランを打つ」というのと「ヒットやホームランを打つことがチームのためになる」というのは明らかに違う。前者は自分の記録よりチームのことを第一に考えているのに対し、後者はチームのことより自分の記録を優先しているといっていい。そしてその違いは、おのずと打席やマウンドに向かうときの気持ちにも影響を与えるのだ。

たとえば、一シーズンに四〇本のホームランを打つバッターが、「おれがホームランを打てばいい」と考え、毎打席ホームランを狙ったとする。しかし、野球は「失敗のスポーツ」でもあるから、狙っても必ずホームランを打てるわけではない。仮に一年に六〇〇打席あるとして、四〇本のホームランを打つということは一五打席に一本の確率になる。逆にいえば、残り一四打席は極端にいえば失敗なのだ。パーセンテージで表せば九三・三パーセントである。

先ほど述べたように野球はチームスポーツであるから、いくら個人の力が高くても各自が自分のために好き勝手にプレーしていては力が分散され、絶対に勝てない。多少力は劣っても、全員の力が結集してひとつになって戦うほうが勝つ確率は高くなる。ところが、そのホームランバッターはその力を九割以上の確率で分断してしまうのである。これではたまったものではない。

極端にいえば、フォアボールや犠打を有効に使い、足をからめるなどすれば、ホームランなど出なくても、それどころかヒットすら一本も出なくても点はとれる。だからこそ、選手個々が「チームのために自分は何ができるのか」を考え、実行することが何よりも大切である。

「勝つために自分はどのように役立てばいいのか」

それをつねに念頭に置き、実践することが、ほんとうの意味で「チームに貢献する」ことなのである。そういう姿勢で取り組むことで仲間からの信頼、評価が高まり、無意識のうち言動にもよい方向で表れることになる。

「自分の記録よりチームの勝利」

「チームが勝つためにヒットを打ち、勝ち星をあげる」

まずそのように考え、その結果、自分の記録も伸びるというかたちになるべきである。実際、不思議なものでそう考えたほうが結果はいいし、チームからの信望も得られるものなのだ。

私は南海の四番を打ち、ホームラン王を九度獲得している。だから、チャンスで打席が回ってくると、「自分が決めてやる」と思ってしまうこともあったが、そういうときはつい欲が先走って、強引になってボール球に手を出してしまい、フォームを崩すことが多かった。「スタンドに叩き込んでやる」という意識が強すぎるのだ。

むしろ、「次のバッターに回そう」「みんなの力で勝とう」と考えられたときのほうがホームランが出ることが多かった。そういう謙虚な気持ち、周りの選手を信頼する気持ちが大切なのである。

人間には誰にも欲がある。欲は人間を成長させる原動力になる。欲があるから努力できる。私だって、もう一度チームを日本一にしたいという欲で動いている。したがって、欲自体は必ずしも否定されるものではない。

ただし、欲に凝り固まってはいけない。力が入りすぎ、結果がよくないばかりか、自己中心的になってしまう。したがって、最後は欲を捨てなければならない。まるで禅問答のようだが、打席に入ったら「欲から入って、欲から離れる」ことが大切なのだ。

欲を自制する力を「セルフコントロール」と呼ぶ。選手はこのセルフコントロールを身につけ、チームのためにできること、するべきことをすることが求められるのだ。そして、そういう選手が揃ったチームは強い。

「自分のためにチームがあるのか、チームのために自分が存在するのか」、「チームあっての自分なのか、自分あってのチームなのか」。どちらの考え方をとるかで、チーム全体の力は大きく左右される。

中心なき組織は機能しない

その意味でも、チームの中心たる「エースと四番」の存在は非常に重要だ。強いチームには、必ずすばらしい中心選手がいるといっていい。

ただし、私のいう「チームの中心」とは、たんに打てばいい、抑えればいいというものではない。前にも少し触れたように、技術に加えて、「チームの鑑」であることが求められる。つまり、技量を誇示すればいいというのではなく、すべてにおいてほかの選手の模範にならなければ真の中心とは呼べない。なぜなら、中心選手の言動は、ほかの選手のそれに大きな影響を与えるからだ。

中心選手が野球に対して真摯に向かい合い、練習中はもちろん、私生活においてもしっかりと自分を律し、真剣に取り組んでいる姿を見れば、ほかの選手も自然と見習うようになる。「自分もやらなければいけない」と考えるようになるものだ。それだけでチームは正しい方向に進む。とくに若い選手に与える影響は絶大だ。

逆に、中心選手がいい加減な気持ちで野球に臨んでいたり、自己中心的であったりした場合は、ほかの選手にも悪影響を与えてしまう。「それでいいのだ」と思ってしまう。つまり、中心選手の考え方と行動が、チームの方向性を決定しかねない。「中心なき組織は機能しない」と私がしばしば口にするのは、そういう意味なのだ。

その点、ONはすばらしかった。ふたりはまさしくチームの鑑であった。

そのことで、忘れられない思い出がある。私が銀座で飲んでいたときのこと、同じ店に王が知り合いを伴ってやってきた。それで一緒に飲んでいたのだが、九時を回ったころだったろうか、王がこういった。

「ノムさん、申し訳ないけど、そろそろ失礼します」

「まだいいじゃない」と私がいうと、「いや、荒川（博）さんを待たせていますので」

いうまでもなく荒川さんとは、王の師匠にあたる人で、これから一緒に練習するのだという。それで王は、私が引き止めるのも聞かず、帰っていった。

その後、飲み続けながらもどうしても私は気になったので、後日、王と荒川さんの練習をのぞかせてもらった。

「すごい……」

王の姿に私は圧倒された。彼は有名な真剣で紙を切る練習をしていたのだが、まさしく殺気立ち、私はひと言も声をかけられなかった。王の素振りに比べれば、私のそれなんて遊びみたいなものだった。王は文字どおり、すべてを懸けて野球に対していたのである。

天才といわれた長嶋だって、野球に対する取り組みでは王にひけをとらなかった。練習であっても、周囲が「それほどしなくてもいいのに」と感じるほど真剣に行っていた。

しかも、ONは少々のケガくらいでは休まなかった。オープン戦であってもつねに出場していた。巨人から南海に移籍した相羽欣厚《あいばよしひろ》という選手が私にいったことがある。

「ONは練習でもいっさい手を抜かずに目一杯やる。だから、われわれも彼ら以上にやらなければならないと思った」

ONは、数字以上に大きなものをチームに与えていたのである。彼らがまさしく「鑑」としての役割を果たしていたことが、巨人のV9を支えていたといっても過言ではないと私は思っている。ふたりが中心にいたからこそ、チームとして機能したのである。

私が阪神タイガースの金本知憲を高く評価するのも、そういう理由からだ。金本はまさしく「チームの中心」である。彼が加入してからというもの、阪神の選手の意識は明らかに変わった。金本の野球に対する取り組みを見れば、どんな選手だって「このままではいけない」と思う。それがぬるま湯体質だった阪神を変えたといっても言い過ぎではないだろう。

その意味で、楽天にとって山﨑武司の存在も金本に劣らない。私は、彼が後輩にアドバイスをしている姿をよく見かける。ベテランが若手にアドバイスする環境があるというのは、いいチームの条件のひとつである。監督やコーチは「見て」感じたことしかいえない。対して先輩選手は一緒に「プレーして」思ったことをいえる。これは、いわれる側にしても受け取り方が大きく変わってくる。説得力が違うのだ。

しかも山﨑は、時に後輩を叱ってくれる。怠慢なプレーをしたり、全力を尽くしてないと感じた選手を厳しく叱る。時には手をあげることもあるほどだ。そうしたことを自分の使命だと自覚してくれている。

そのうえ、金本同様、山﨑もめったなことでは休まない。楽天にはちょっとくらいのケガで休んだり、弱音を吐く選手が少なくなかったのだが、そういう選手には山﨑から容赦ない叱責が飛ぶ。

そういう真の中心と呼べる選手がいるかどうかで、チームのムードはずいぶんと違ってくる。まさしく「中心なき組織は機能しない」のだ。

現場とフロントの一体感

チームというものは、「補強」と「育成」「管理」がうまく回ってつくられるというのが私の考えである。この三つがたがいに連携し、機能してこそチームは強化される。現場とフロントがつねに密接な意思疎通を図り、一体となることは、優勝するにふさわしいチームをつくるために絶対に欠かせない。これが四番目の条件である。

補強と育成と管理のうち、育成と管理を担当するのが現場であり、その代表が監督だ。では、補強を担うのは誰かといえば、フロント、なかでも編成セクションである。

弱いチームというのは、この三つが乖離《かいり》している。現場が「ピッチャーがほしい」といっているのに、バッターばかり集めたり、走れる野手が必要なのにもかかわらず、意に沿わない獲得をしたりする。

結果、編成は「選手が育たないのは現場の指導力がないからだ」と現場に責任をおしつけ、現場は現場で「必要な選手をとらず、ろくな補強をしないからだ」と編成に対する不満を口にする。責任のなすりつけあいをするのである。そうした事態を招かないよう、現場と編成はつねに一体となっていることが求められるのだ。

そういう考えから、監督就任が決まると私はいつも現場の代表として編成をはじめとするフロントと会合を持つ。私の野球観と目指す野球を説明し、それに沿った補強をしてくれるよう、要請するのである。

私の志向する野球は、守り重視。野球は相手を〇点に抑えれば絶対に負けない。一〇点とっても、一一点失えば負けてしまう。したがって、真っ先に獲得すべきはピッチャー、それも即戦力のピッチャーである。弱いチームはとくにそうだ。毎年ひとりずつ即戦力のピッチャーを獲得すれば、三年で先発三本柱が揃う。そのあいだに並行して将来性のある若手を育てていけば、強力な投手陣ができあがる。

それが補強に対する私の考えであるが、いかなる野球を志向するにしても、現場の長である監督と編成の意思疎通がうまくいかなければ、強いチームはつくれない。

もうひとつ、私は最初にスカウトにこう尋ねる。

「あなたたちは、何を基準に選手をとってくるのか?」

たいがいは返事に窮してしまう。そこで私はいう。

「かんたんなことです。選手の天性に注目してください」

天性とは、「足が速い」「ボールを遠くに飛ばす」「速いボールを投げる」「肩が強い」といったことである。こうした力は、持って生まれたものであり、育成することは不可能だ。阪神のときも楽天のときも、私が「エースと四番をとってくれ」と執拗に要求したのは、チームの鑑たる存在が必要だったからだけでなく、育てることができないからである。いつの時代も、どのチームであっても、エースと四番は基本的に即戦力として入団していた大物新人か、他球団から実績を買われて移籍した選手なのである（私のような例外もあるが、それはほんとうに稀なことである）。

が、逆にいえば、天性以外は現場で育成できるのだ。つまり、編成が天性を持った選手を探してくれさえすれば、あとは現場で責任を持って育てるというのが私のスタンスである。最初に編成と話し合いを持つのは、そのことを確認しておくという意味もあるわけだ。

未来創造力が優勝するにふさわしいチームをつくる

一度だけなら、どんなチームでも優勝できないことはない。大型補強を行い、自由にのびのびやらせれば、勢いに乗ってそのまま勝つことは充分可能だ。

だが、そんなチームが優勝するにふさわしいかといえば、「否」と答えるしかないし、そういうチームは勝ち続けることができない。常勝チームにはなれないのだ。

その意味でも思い浮かぶのはやはり、川上さんが率いた時代の巨人である。川上巨人は、前人未到にして、おそらくこれからも不可能と思われる九年連続日本一という偉業を達成した。なぜそれが可能だったのだろうか。

これまで述べてきたような条件を備えていたからだと私は考えているが、もうひとつ、「未来創造力」というべきものがあのころの巨人にはあったということを指摘しておきたい。この力こそが優勝するにふさわしいと感じさせるチーム、最後の条件になる。

チームは生き物である。時代とともに選手は変わっていくし、なんらかの理由で突然勝てなくなることもある。極論すれば、たとえ常勝チームであっても、明日には盟主の座から転落する可能性を秘めているのである。

したがって、チームを預かる者――監督やコーチはもちろんのこと、フロントや親会社のトップまで――は、そうならないためにつねに将来のチームのあるべき姿を思い描き、それを具現化するための施策を講じるとともに、そのための努力や手間を惜しんではいけない。そうしたことができる能力を私は「未来創造力」と呼んでいるのである。

V9巨人には、まさしくこの力があった。いや、球団創設以来、巨人にはいつもこの能力が備わっていた。だからこそつねに巨人は、ほぼ一貫して球界の盟主たりえたし、その力の結晶がV9巨人をつくったといってもいいだろう。

繰り返すが、たんに四番を集めただけでは勝ち続けることはできない。九つのポジションと打順にはそれぞれの役割と適性があり、とすれば、それぞれにもっと適した選手を集め、育て、活用していくことが重要になる。それなくして常勝チームは絶対につくれない。

V9時代までの巨人は、次代の巨人軍とはどうあるべきか、どうすれば勝ち続けることができるかを首脳陣はもちろん、フロントまで一体となって考え、実践していたように私には見えた。ドラフト施行前の自由競争の時代で、かつ資金力にも恵まれていたことで補強をしやすかったというのは事実だろう。だが、そこにあるべきチームとしてのイメージとビジョンがなければ勝ち続けるチームにはならないという現実は、なにより近年の巨人が証明しているではないか。

こうした未来創造力は、監督人事にも大きく関係する。企業では次期社長として誰を就かせるかがその企業の発展のために非常に大きな問題だという。野球のチームも同じである。

いくら名監督であろうと、永遠に指揮を執り続けることはできない。したがって、いつかは誰かがそのあとを襲うことになる。そのとき、それまで築き上げた遺産を継承し、かつ新たな生命を吹き込む役割を誰に託すかという問題は、勝ち続けるためには非常に大切だ。そのときになって行き当たりばったりの人選をしているようでは、常勝を維持することはできない。あらかじめしかるべき人材を見つけ、育てていくことが求められるのである。すでに述べたように、この点でも巨人は卓越していた。かつての巨人は、いつの時代でも次期監督と目される人物に帝王学を学ばせ、来るべきときに備えていた。

自分でいうのもおこがましいが、私が監督を務めて以降のヤクルトにも、この「未来創造力」が感じられる。

私をヤクルトの監督として迎えてくれたのは、当時の相馬和夫球団社長だった。それまで私はヤクルトとは何の関係もなかったが、評論が社長の目に留まり、誘っていただいたのである。

監督を引き受けるにあたって、私はひとつだけ条件をつけた。

「一年目は土を耕し、二年目に種を撒いて、育てます。花を咲かせるのは三年目です。それまで待ってくれますか?」

相馬さんは私の考え方を充分に理解してくれ、信頼してくれた。オーナーだった桑原潤さんもそれを認めてくれ、補強や人事についても、私の方針に沿って、全面的にサポートしていただいた。おかげで私は、周囲の雑音や批判に屈することなく信念にもとづいてじっくりとチームをつくることができ、存分に采配をふるえた。だからこそ、公約どおり、三年目にリーグ優勝、四年目に日本一という花を咲かせることができた。

それが可能だったのも、桑原オーナーと相馬社長以下、ヤクルトという球団がチームの将来あるべき姿を思い描き、それに向かって一丸となって邁進《まいしん》していったからである。つまり、「未来創造力」を持っていたからである。

ヤクルトにそれがいまも備わっているということは、先に触れた監督人事に現れているし、私が選手たちに厳しく説いた「無形の力」を活用するヤクルトの野球とも呼ぶべきものが着実に受け継がれていることからも感じられる。私が退いたあとも、ヤクルトが毎年のように主力の流出に悩まされながらも、それなりの成績を維持している最大の理由はそこにあるといっても、決して間違ってはいないはずだ。

第五章　人間教育が真に強い組織の礎《いしずえ》を成す

川上監督と西本監督の差

「人を遺すことが監督の条件である」

私はそう述べた。その点であらためてその偉大さに頭が下がるのが川上哲治さんだ。

選手時代を、あるいはコーチとして川上さんのもとで過ごした人間の中からは、広岡達朗さん、藤田元司さん、長嶋茂雄、王貞治、森祇晶という日本一に輝いた監督が誕生しているし、高田繁、土井正三、堀内恒夫も監督となった。星野仙一が解説者時代に川上さんの影響を強く受けたのはよく知られているし、かくいう私も直接ご教授を受けたことはないが川上さんをつねに尊敬し、目標にしたという意味では、〝門下生〟といえないこともない。

対照的なのが――大先輩の名前を出して申し訳ないが――西本幸雄さんである。西本さんは、弱小といってもよかった阪急ブレーブスを強豪に育て上げ、近鉄バファローズ監督に転じてからもリーグ優勝二回を達成した名将である。

私は西本さんも尊敬しているし、阪神の監督をやめるときには後任として推薦したほどだ。その情熱と愛情あふれる熱血指導は、多くの名選手を輩出することになった。

ところが、不思議なことに監督になる人材が出ていないのである。巨人にも決してひけをとらなかった当時の阪急のメンバーで、監督になったのは山田久志くらい。あとは、西本さんのもとでコーチを務めた上田利治だけといってもいいだろう。近鉄では鈴木啓示と佐々木恭介、梨田昌孝の名前があげられるが、彼らは能力というよりも、人気や順番で監督になったように思われる。

いったい、川上さんと西本さんの違いはどこにあったのか。

大変失礼だが「人間教育」の有無であると思うのだ。私はそう感じている。

森に聞いたところでは、川上さんはミーティングなどの席では野球の話はあまりしなかったそうだ。人間としていかに生きるべきか、礼儀やマナー、人の和の大切さといった「人間学」に関する話が多かったという。つまり、野球人である前にひとりの人間であることを厳しく説いたのである。しかも、ONであろうといっさい特別扱いしなかった。それは王自身が語っていることで、叱るべきときは毅然と叱った。

対して西本さんは、こと「野球学」に対する教育は誰にも負けないほど熱心だった。情熱のあまり、選手への鉄拳制裁も辞さなかった。

ところが、私の見たところ、人間教育にはあまり力を注いでいなかった。極論すれば、それがついに一度も日本一になれなかった理由だったのではないかと私は思っている。そのことを如実に示しているのが、次にあげる鈴木啓示に関するエピソードだ。

ご存知のように、鈴木は三〇〇勝をマークした近鉄の大エースである。当時のどのチームのエースも、先発した翌日であっても状況によってはリリーフとして登板することがしばしばだったのだが、鈴木は絶対といっていいほどリリーフでは投げなかった。

近鉄が優勝争いをしているさなか、天王山ともいうべき試合で、勝敗を左右する局面になった。この試合をモノにすれば、近鉄は優勝にグッと近づくはずだった。

「ここは鈴木を出してくるだろうな」

私は思った。にもかかわらず、西本さんは鈴木を登板させなかった。不思議だったので、私は西本さんに訊いてみた。

「なぜ啓示を投げさせなかったんですか?」

「あいつは『リリーフは絶対にしない』というんだよ。『無理して肩を壊したら、誰が保障してくれるんですか?』って……」

西本さんはそういって続けた――「おまえから意見してくれんか」

鈴木の気持ちはわからないでもない。エースは連投するべきだといっているのでもない。その是非はここでは措くとして、問題はなぜ鈴木に「おれが行く」と思わせることができなかったのかということだ。鈴木は一流投手だけに非常にわがままだったのは事実だが、西本さんがどうしてそれを御することができなかったのかということである。

思うに、日頃から彼のわがままを許して特別扱いしていたがために、鈴木はそれが当然だと思ってしまったのではないか。あのONでさえ容赦しなかった川上さんだったら、絶対に認めなかっただろう。チームの中心とはいかなる存在でなければならないかということを西本さんが鈴木に厳しく説いていたら、鈴木は記録だけでなく、真の意味で一流のピッチャーになっただろうし、監督となっても結果は違っていたと思うのである。

人間的成長なくして技術的成長なし

スーパースターであっても特別扱いしない——これは口でいうのはたやすいが、実行するのはむずかしいものだ。

いまのスターと呼ばれる選手たちの言動を思い浮かべてほしい。練習では「自分のペースでやりたい」と勝手なやり方を押し通し、「あそこが痛い」「ここが痛い」といってはすぐに休む。チームに対しては不平不満をもらす。そんなわがままな選手がいかに多いことか。それを監督やコーチがかんたんに許してしまうのである。はれものを触るように接する監督すらいる。

そうしたわがままを「個性」と誤解している輩《やから》もいる。私は、戦後教育の最大の欠陥は、「個」と「社会」の関係性について間違った認識を植え付けたことだと考えているが、「個性」とは、自分勝手な行動をとったり、自分中心で物事を考えたりすることではない。個性は他人の納得と承認があってはじめて輝くものであり、世のため人のために役立ってこそ活きてくる個人の特性のことを指すのだと私は思っている。

川上さんは選手のわがままを許さなかった。だからといって、選手の個性を殺すこともなかった。個性に合わせた適所を与え、その力を充分に引き出した。前人未到の九連覇を達成できた根底には、そうした川上さんの考え方が横たわっていたと私は理解している。

川上さんは次のように考えておられた。

「プロの選手として働ける時間は短い。ほとんどの選手はその後の人生のほうが長い。ほかの社会に入っても、さすがは巨人の選手だといわれるようにしておきたかった」

だからこそ、人間教育に力を入れたのである。とりわけ「感謝の心」を忘れないことの大切さを強調したという。

「野球の技術と人間教育、そこにどんな関係があるのだ」

そう思われるかもしれない。おおいに関係あるのである。

プロ野球の選手は、いわば「選ばれし者」だ。過酷な競争を勝ち抜いてきたわけである。反面、野球で結果を出せば、たいがいのことは許されてきたし、それが当然だと思っている。そして、それらをすべて自分の力で勝ち取ったものだと考えている。

だが、それは断じて違う。これは川上さんも語っておられたことだが、人は知らず知らずのうちに他人からさまざまな恩恵を受けているのだ。野球だって、いい成績を残せるのは、チームメイトや裏方の協力があってこそなのだ。

たとえば打点はひとりで稼げるのは一点だけだ。ヒットを打ってもランナーがいなければ打点はつかないし、ホームランを打ったとしても「一」としか記録されない。が、ランナーがふたりいれば三点、三人いれば四打点となる。ピッチャーにしても野手が守ってくれるから勝ち星をあげられる。二七人を三振に仕留めればいいといっても、キャッチャーがいなければそれは不可能だ。自分の力だけで勝てたというのは、大変な誤解なのである。

その点でも私は金本をすばらしいと思う。いつだったか、彼は年俸のいくばくかをバッティングピッチャーほかの「裏方の待遇改善に役立ててほしい」と返上した。彼は、自分が高額の年俸をもらえるのも、そうした人々の協力があるからだと理解しているのだろう。

淡口憲治の若いとき、川上さんが彼を評して「彼は親孝行だからいい選手になりますよ」といったのは有名だが、それは正しいと私も思っている。親に感謝しているならば、なんとか成功して大金を稼ぎ、親を楽にしてやろうと励むはずだ。そのために人より努力するし、真剣に野球のことを考える。当然、結果も変わってくるわけだ。事実、私が知る一流選手はみな、親孝行という点で共通している。

「人間の最大の罪とは鈍感である」とはつねづね私がいっていることだが、この「感じる力」のもとは、親への感謝からはじまると思っている。親がいなければ自分は存在しない。親を大切にしない選手が一流になれるわけがないし、そこに気がつかない人間に「感性を磨け」といっても無駄である。

つまり、野球人である前に、ひとりの人間としてまっとうな生き方をしなければ、技術的成長もありえない。

進むときは上を向き、暮らすときは下を向く

「人間は何のために生きているのか考えてみろ」

私は選手たちにしばしば問いかける。仕事を生きる糧《かて》としている以上、仕事と人生を切り離して考えることは不可能だ。仕事を通じて人間は成長し、人格が形成される。仕事を通して社会の恩恵に報いていく。それが生きることとの意義である。

そう考えれば、おのずと野球に対する取り組み方が変わる。取り組み方が変われば結果も変わるのだ。「人間的成長なくして技術的成長なし」とは、そういう意味なのである。

加えて、「人生」とはよくいったもので、「人として生まれる」「人として生きる」「人として

生かす」と、さまざまな意味を含んでいる。「人」という字はひとりでは生きていけないことを示しているし、「人間」という言葉も「人のあいだで生きている」と解釈できる。だからこそ、謙虚な気持ちを持つことが大切なのであるが、野球選手はそのことを忘れがちである。

「進むときは上を向いて進め。暮らすときは下を向いて暮らせ」

これは私が自分自身への戒めにしていることでもある。仕事において目標を高く置き、より高みを目指すのは非常に大切だ。だが、上ばかり向いていると、自信が過信やうぬぼれになっていることに気がつかない。

だから、ふだんは下を向いて暮らすべきなのである。下を見れば、自分より貧しくつらい目に遭っている人、苦境にあえいでいる人もたくさんいる。あらためて自分がいかに恵まれているのか、どれだけ幸せなのかということに気づく。当然、感謝する心も生まれるし、他人に対してやさしくできるのである。

おのれの力を過信した時点で成長は止まる。それ以上の努力も思考も厭《いと》うようになるからだ。謙虚な心と感謝の気持ちを忘れなければ、満足することなどありえない。

それに、そもそも評価とは他人が下すものが正しいのである。人間は自己愛から逃れられないから、自分自身に対する評価は甘くなる。とすれば、他人の評価が正しいのである。だからこそ、選手が自分を過信しているのであれば、指導者は正さなくてはならない。

野球は団体競技であり、何よりもチームが最優先されなければ勝つことはできないのだが、そのためにも選手個々の人間性や価値観が大きく影響する。そこがきちんと形成されていなければ、「フォア・ザ・チームの精神」など根づくべくもないのである。

野次はチームの品格を表す

鶴岡監督は、相手監督に対し、口汚い野次や報復行為、威嚇《いかく》行為を絶対に許さなかった。あるとき、ある選手が巨人の水原監督を野次ったことがあった。それを聞いた鶴岡監督は、烈火のごとく怒った。

「バカもん！　敵将を野次るとは何事だ！」

かつてはどこのチームもあまりにえげつない野次は控えたものだし、私も監督として選手たちにそうしたことを禁じている。

ところが、いまは平気で汚い野次を浴びせるチームが増えているし、死球を受けたあとで報復するのもあたりまえになっている。これはおそらくメジャーリーグからの影響だと思われるが、なぜそんなところばかり見習うのか、腹立たしいし、私には理解できない。

なかでも一時期の巨人はひどかった。古い話になるが、ヤクルトの監督をしていたとき、ある試合で西村龍次が巨人の村田真一に死球を与えてしまった。もちろん故意ではない。
その裏である。西村が打席に立った。すると、その初球に巨人のピッチャーは西村を狙ってきたのである。あれは絶対に監督かコーチの指示だったと私は思っている。しかも、それは一度だけではなかった。川崎憲次郎が松井秀喜にデッドボールを与えた直後にも、今度は飯田哲也が狙われた。

かつての巨人軍は「球界の紳士たれ」というチームであった。正力松太郎氏の遺訓を忠実に守っていた。それが品格を感じさせる大きな要素となっていた。だが、そのころの巨人はたんに「勝てばいい」だけのチームに成り下がっていた。

同時期の広島東洋カープにも失望させられたことがある。ある試合で金本に対した加藤博人《かとうひろと》のボールが二球続けて顔面近くへいってしまい、両軍のベンチから選手が飛び出してにらみあいになった。そのとき広島のコーチだった山本一義がいった。

「もっとコントロールのいい奴を投げさせろ」

そのときはそれで終わったのだが、後日、再び広島と顔を合わせたとき、またも加藤がある選手にデッドボールを当ててしまった。これは肘にかすった程度の死球で、本来なら問題になるようなものではなかったのだが、前の一件が尾を引いていたのだろう、広島ベンチから三村敏之監督が飛び出し、ヤクルト選手にこういったのである。

「おまえら、日本シリーズに出れんようにしてやるぞ！」

まるでヤクザの言いがかりである。それまで私は広島に好ましい印象を持っていた。選手はみな礼儀正しかったし、野球に対する姿勢もよかった。それだけに失望は大きかった。

そのころは古田敦也に対するビーンボールもあとを絶たなかった。「古田をつぶせばヤクルトおそれるに足りず」というわけで、各チームが古田に対して危険な投球を行っていた。

ビーンボールは私が現役時代のころからあった。だが、当時は絶対に頭を狙うことはなかった。すべて首から下。そういう暗黙の了解がピッチャーとバッター双方にあった。四番を打っていた私は内角を攻められることが多かったが、「首から下ならいつでも受けてやる」という気持ちで打席に向かっていたものだ。内角を厳しく突かれるのは、強打者であることのひとつの証明でもあるからだ。

なぜか。それは内角へ投じるということは危険ゾーン（長打を打たれる危険）へ投げることにほかならない。だから、強打者には当然厳しくなるわけだ。

野次ということでは、日本シリーズで西武と対戦したときのことも苦々しく思い出す。ある試合で審判の判定を確認するためにグラウンドに出た私に対し、西武ベンチから次のような野次が浴びせられたのだ。

「豚！」「デブ」「引っ込め！」

品格はおろか、ユーモアすらない。そのシリーズでは、試合前の国旗掲揚の際、西武のバッテリーが平然とブルペンで投球練習をしている姿も目に入った。ふつうならその間は練習を休止し、敬意を示すものである。西武には私も在籍していたことがあったが、そのころは礼儀やマナーに非常にうるさかった。その西武でさえ、この有様《ありさま》である。当時の監督は東尾修だったが、彼やコーチは、そうした人間としてのしつけを厳しく指導する重要性を知るよしもなかったのだろう。

「こんなチームに負けるものか」

私はそう強く思ったのを憶えている。

指導者が「勝てばいい」「技術指導だけをしていればよい」という誤った考え方をしているから、こういう恥ずべき行為を見逃すのである。その意味でも現代こそ人間教育が指導者には求められるのだ。

大道廃れ仁義あり

最近の人材育成の要諦は「ほめること」だという。どのビジネス書にもそう書いてあるらしい。いまの若い人は叱られることに慣れていないから、ちょっときつくいわれるとシュンとしてしまう。だから、まずは長所をほめて伸ばしてやることが大切で、学校教育でも「五つほめて、三つ教えて、二つ叱る」というのが基本だという。

プロ野球の世界でも、選手をほめながらのびのびプレーさせ、長所を伸ばすことに指導の基本方針が置かれているケースが多いようだ。その代表が千葉ロッテのボビー・バレンタインだろう。

三一年ぶりのリーグ優勝と日本一に輝いたときだったか、私はロッテの選手にバレンタインについて尋ねたことがある。選手たちは異口同音にこう答えた。

「とても気分よくプレーさせてくれるんです」

たしかにバレンタインのようなやり方は、いまの選手に合っているのだろう。私はほめられた記憶がほとんどないし、照れくさくてほめるのが大の苦手なのだが、さすがに孫といえるほど年齢の離れた若い選手と接することが増えてからというもの、これでもずいぶんほめることに気を遣うようになった。ぼやいたとしても、最後にひと言ほめることが最近はよくある。

けれども、ほめることをなにより強調するそんな風潮に私はあえて異を唱えたい。

「人は貶《けな》されてこそ育つものである」

少なくとも、これだけはいえる——「ほめるだけでは、ただ気分よくプレーさせるだけでは、絶対に人は伸びない」

プロ野球でいえば、そうすれば一度は優勝できるかもしれないが、勝ち続けることは不可能だと断言できる。事実、ロッテは連覇できなかったし、そのあとも優勝していない。

それでは、なぜ私は「叱りながら育てる」ことを指導方針にしているのか。

ジャンプするときには身体をかがめて反動をつけることが必要だ。そうしてこそ、より高く跳べる。それと同じで、私が頭を押さえつけることで強い反発力を生じさせることを願っているからである。そして、「なぜ叱られたのか」「何がいけなかったのだろう、何が足りないのだろう」と自問自答することで、選手はより成長すると信じているからである。

これは、私自身の体験でもある。現役時代の多くを私は鶴岡一人監督のもとで過ごしたわけだが、鶴岡さんは絶対といっていいほど自軍の選手をほめなかった。代わりに、ほかのチームの選手をよくほめた。とくに西鉄の稲尾や中西太さんを引き合いに出して、私に嫌味をいったことはすでに述べた。

とても悔しかった。「こんちくしょう!」と思った。だが、同時に私は考えた。

「おれを貶すのは期待の裏返しだ。期待に応えられない自分が悪いのだ。期待されていないなら、何もいわれないはずだ」

そうして私は、「なんとかして稲尾を打ってやろう」「中西さんに追いつき、追い越してやろう」と考え、いっそうの努力をするとともに、創意工夫を重ねた。その気持ちが私をタイトル保持者の選手に押し上げた。万が一にもないことだろうが、もし鶴岡さんが最初から私をほめそやしていたら、はたしていまの私があったかどうか……。

厳しいいい方をすれば、厳しく貶されたくらいで意気消沈するようでは、そもそもプロの世界で生きていくことはできない。そんなことだから、甘えが出、野球に対する取り組みが不十分になるのだ。一流になれる資質を持った選手は、むしろ貶されることを歓迎するものなのだ。

現に、マーくんこと田中将大などは「ほめられるより、きついことをいわれるほうがいい」と話している。「そのほうが〝やってやろう〟という気持ちになる」のだという。「叱られるほうが将来の自分のためになる」と思っていると、頼もしいことをいってくれる。

人は無視・賞賛・非難の段階で試される

それに、叱るからこそ、ほめることがより効果を発揮するということもある。ただ叱るだけでなく、タイミングを見計らって、ときにほめることは、人を育てる鉄則である。山本五十六もいっている。

「やってみせ　いって聞かせて　させてみて　ほめてやらねば　人は動かじ」

以前にも書いたように、私は鶴岡さんから二度だけほめられた。

一度は三年目のハワイキャンプ後に「唯一の収穫は野村に使えるメドがついたこと」と間接的にほめられたひと言。もう一度はレギュラーに定着したころにさりげなく直接いわれた「おまえ、ようなったな」

「ああ、監督はおれのことを認めてくれているんだな。期待してくれていたのだな」

ふだんは貶されてばかりだったので、なおさらうれしかった。このふたつの言葉は、その後の私の拠《よ》り所となった。

よくいうのだが、「人間は無視・賞賛・非難の段階で試される」のである。この言葉は、野球選手だけでなく、すべての分野で一流の人間を育てるための原理原則だと私は思っている。

その人間が箸《はし》にも棒にもかからないような状態であれば「無視」。少し見込みが出てきたら、ひたすら「賞賛」。そして、組織を担う中心的存在になったと認められる段階で「非難」するというのは人の道理である。

まったく実力が伴わないのにもかかわらず、「無視」されてふてくされるような人間はそもそも最初から見込みがない。人間の評価は他人が下すものであり、とすれば、「なんとか認められたい、注目を浴びたい、そのためにはどうすればいいのか」と考えるところから人間の成長ははじまるのである。だから、そんな段階にある人間は無視――誤解なきようにいっておけば、「見ない」ということではない。つねに観察していなければいけないのはもちろんである――

する。

そのうちに可能性が見えてきたら「賞賛」、つまりほめてやる。そうされると、それまで無視されていただけに、ほめられた人間は喜びもひとしお。「もっとがんばろう」と思う。ただし、「賞賛」しているばかりでは、その人間は「自分は一流なのだ」と勘違いしかねない。そうなれば、「満足→妥協→限定」という負のスパイラルに陥《おちい》りかねない。

そこで今度は「非難」するのである。「その程度で満足していてはダメだ。もっと成長し、ほんとうの中心になってほしい」という期待を込めて、あえて「非難」するわけだ。その真意を受け止め、悔しさを強く感じながらも、「どうにかして見返してやりたい」「認めさせてやりたい」と思ってさらなる精進を重ねることで、その人間は真の一流になることができるのである。

振り返ると、私は鶴岡監督にまさしくその原則どおりに育てられてきた。先に述べた言葉どおりの体験をしてきた。

無名のテスト生だった入団当初は完全に「無視」。ハワイキャンプで結果を出し、レギュラーとしてやっていけそうになったら「賞賛」。そして、キャッチャーとして、四番として攻守の中心になってからは徹底的に「非難」された。その段階ごとにそうされる意味を考え、どうすればいいのか自問自答したから、いまの私があると私は思っている。「ほめるだけでは育たない」と私がいうのは、そういう意味なのである。

結果論で叱らず、気づかせる

ただし、叱ることを指導の基本にしている以上、私は叱り方には細心の注意を払っている。なかでも重要なのは、「結果論」で叱らないことだ。それでは逆効果である。

発展途上にあるバッターが三振したとしよう。「三振した」という結果だけを見て叱ってしまっては、叱られた選手は「次は三振してはいけない」と思うだけだ。そのため、三振をおそれるあまり、思い切りのよさが持ち味の選手が小手先だけのバッティングに終始するようになるかもしれないし、どんな球にも手を出しかねない。「失敗だけはしたくない」とマイナス思考になってしまうからである。それではその選手の長所まで失わせてしまう。ピッチャーにしても同様だ。「打たれた」という結果だけで判断しては、監督の顔ばかり見るようになってしまう。

見るべきものは、失敗にいたった「過程」なのである。結果が三振であっても、アウトカウント、ボールカウント、バッテリーの心理を考慮したうえで、すなわちしっかり「準備」をしての三振であれば、叱る必要はない。

むしろ、「こうしたらよかったのではないか」「ここがいけなかったな」とアドバイスを送り、「次はがんばれ」と励ますべきだ。

人間は失敗してはじめて自分の間違いに気づくものである。要は、その失敗を糧として次につなげればいいだけの話であり、そうやって選手は成長していくものなのである。「失敗と書いてせいちょう（成長）と読む」と私がいう所以《ゆえん》である。

だが、何も考えないでピッチャーやバッターと対峙しようとした選手に対しては徹底的に叱る。たとえば、ピンチにもかかわらず、初球から真ん中にストレートを投げたりするケースだ。ピンチのときほど時間をかけなければいけない。初球はバッターの狙いを読むためにも、外角のボール気味のスライダーで様子を見るなど慎重に攻めるべきなのである。

そうした意味で、楽天のキャッチャーである嶋基宏には苦言を呈したい。「チームづくりはキャッチャーから」との考えから、私は大卒で入ってきた嶋を一年目から我慢して使い続けた。ところが、あまり成長を見せてくれない。

彼のいちばん悪い点は、配球に一球ごとの「根拠」がないことだ。これは「困ったら外角」と私が教えてしまったのが失敗でもあったのだが、彼は外角一辺倒の配球が多く、無難なリードをすることが多い。なぜなら、バッターが見逃したときの反応がまだよく見えないのだ。

「右目でボールを見て、左目でバッターの反応を見ろ」

私は口をすっぱくしていっているが、一年たってもタイミングが合っているのか合っていないのかさえ、わからなかったらしい。

要するに、見ようという気持ちが足りないのである。「絶対に相手の打者が考えていることを見抜いてやる」という執念が足りないのだ。目の前をボールが通過したときのちょっとした小さな動きのなかに、バッターの考えというものは必ず現れるものなのである。それが見えるようにならなければ、キャッチャーとしては合格点をやれない。

「恥を知らねば恥かかず」という。恥をかいたことのない人間は恥を恥と認識できずに同じ失敗を繰り返す。技術力だけで勝負にいった選手も同じだ。次も同じ過ちを犯す。天性で対応できるのは、長嶋やイチローといった天才だけだ。凡人は、自分の失敗を省《かえり》み、次へのステップとしなければならない。

そのために大切なのが「感じる力」なのである。

感じる力を持った選手は必ず伸びる

懸命に努力をしているのに、結果が出ないという選手がいる。私にもそういう時代があった。前にも述べたが、プロ三年目にレギュラーとなり、翌年にはホームラン王を獲得。「これでなんとかプロでやっていけそうだ」と思った矢先、突然、打てなくなった。二年連続して打率は二割五分程度、ホームランも二〇本ほどに減ってしまった。

「練習が足りないんだ」

そう思った私は、それこそ手をマメだらけにして毎日バットを振った。人の倍以上は練習をしたと思う。それでも結果は出なかった。

要するに、間違った努力を私はしていたのである。私は打てない原因をひたすら「練習不足」に求め、何をすべきかを理解していなかったのだ。

あるとき、私はただバットを振るだけでなく、なぜ打てないのかじっくり考えてみた。すると、「自分は不器用である」という現実にぶちあたった。つまり、こういうことだ。

私は、カーブならカーブ、ストレートならストレートがくるとわかっているときはちゃんと打てる。ところが、カーブと予測したところにストレートを投げられたり、逆にストレートだと思っているときにカーブがきたりすると、もうお手上げなのだ。とっさに反応できる技術力を持っていなかったのである。

一軍に上がったばかりのころは、相手がなめてかかっているから、ふつうに勝負をしてきた。それである程度は打てたのだが、何年かすれば当然相手は警戒するようになる。私の裏をかいてくる。それで読みがはずれて打てなくなってしまったわけだ。

とはいえ、読みがはずれたときにとっさに対応できるのは、ある意味、天性である。いくらバットを振ろうと、どんなに努力しようと、天才ではない私にできる芸当ではなかった。にもかかわらず、私はただやみくもにバットを振るだけだった。

そのとき私は気がついた。

「おれには読みがはずれたときの対応力はないが、読みが当たれば打てるのだ。だったら、読みの精度を上げればいいではないか」

そこに気がついたことで、私はデータを収集して相手バッテリーの配球を分析するとともに、テッド・ウィリアムズの著書を参考に、相手投手や捕手のクセを探した。おかげでそのシーズンに早くも二割九分、二九本塁打をマーク。以降も打率三割前後、ホームランも三、四〇本をコンスタントに記録できるようになったのである。

たしかに努力は大切だ。だが、方向性と方法を間違った努力は、ムダに終わるケースもある。そこに気がつくかどうかが一流になるための重要なカギとなる。

何度も繰り返すが、「人間の最大の罪は鈍感である」——私はそう思っている。一流選手はみな修正能力にすぐれている。同じ失敗は繰り返さない。二度、三度失敗を繰り返す者は二流、三流。四度、五度繰り返す者はしょせんプロ野球失格者なのである。

なぜなら、そういう選手は失敗を失敗として自覚できないか、もしくは失敗の原因を究明する力がないからだ。「鈍感は最大の罪」とは、そういうことを指すのである。「小事は大事を生む」という。些細《ささい》なことに気づくことが変化を生み、その変化が大きな進歩を招くのである。気づく選手は絶対に伸びる。これは長年プロの世界に身を置いてきた私の経験から導き出された真理である。

したがって指導者は、もしも選手が間違った努力をしているときは、方向性を修正し、正しい努力をするためのヒントを与えてやる必要がある。だから私は「監督とは気づかせ屋である」と常々いっているわけだ。

教えないコーチが名コーチ

その意味でも私は、技術を教えるのは最後でいいと思っている。最近は何でも手取り足取り懇切丁寧に教える指導者が多いが、常日頃から私は、コーチたちに「教えすぎるな」と命じているほどだ。メジャーリーグにもこういう名言がある。

「教えないコーチが名コーチである」

なぜか。

教えすぎると、選手のみずから考えようとする気持ちを奪ってしまうからだ。私はコーチたちにいつも話している。

「教えたいという君たちの気持ちはよくわかる。だが、まずは選手たちにやらせてみなさい」

だいたい、私がプロに入ったころは、コーチなど誰もいなかった。二軍は監督ひとりだけである。鶴岡監督にバッティングについて尋ねても、「ボールを見て、スコーンと打て！」。二軍監督は「ボールに食らいついていけ、内角へ来たら当たっていけ」、それだけだった。だから、自分で考えざるをえなかった。

オールスターのときなどは先輩打者たちを質問攻めにした。当時のタイトルホルダーは山内一弘さんと中西太さんだったから、とくにふたりのバッティングを徹底的に観察し、懸命に真似をした。ただ、中西さんの打ち方は自分には向いていないと感じたから、山内さんのスタンスやステップ、振り方などを頭に焼き付けて、自分のバッティングにとり入れようとした。

壁にぶつかったときも、頼れるものは自分だけ。徹底的に考え、あらゆる試行錯誤をしたものだ。結果として、それは私の習慣となり、私の野球観を形成してくれた。この体験がなければ、いまの私はないだろう。

気づき、感じとる力がなければ、それまでなのだ。最初から教えてしまうと、この「気づき、感じとる力」を奪ってしまうのである。

「失敗と書いて成長と読む」と私がいうのは、ここにも理由がある。人間がもっとも気づくのは、失敗したときだからである。

本人が気づく前に答えを教えられても、たいがいは聞く耳を持たないし残らない。それではほんとうに理解したことにはならないし、そもそも問題の本質がわかっていないのだから、身につくわけがない。失敗したからこそ、うまくいかないからこそ、自分のやり方はおかしいのではないかと気づき、正そうと考えるのだ。

したがって、その選手が失敗しても何も感じていなかったら、指導者は問題意識を高めるようなアドバイスを与えながら、本人のなかで「間違っているのかもしれない」という疑問が高まるよう仕向けることが大切だ。

それでも何も感じない選手はそれまでだが、もし「どうしたらいいのでしょう。どこが間違っているのでしょうか」と尋ねてくれば、そのときは絶対に突き放してはいけない。こうした機会こそ、徹底的に教え込むチャンスなのである。

なぜなら、選手が能動的に行動を起こしたときは、向上心や知識欲が最高潮に達している。監督やコーチがいうことをスポンジが水を吸い込むように吸収するだろう。そうなってはじめて「教える」ことが意味を持つのである。

目標を明確にさせ、みずから取り組む意欲を持たせる

　ただし、それでもなお、この段階で技術的な正解を教えてしまうのは決してプラスにはならないと私は思う。答えを与えられてしまえば、それ以上考えようとしなくなってしまう可能性が高いからだ。いわれたことをいわれたとおりにやっているだけでは、それ以上の成長はない。自分から創意工夫してこそさらに大きな成長を遂げるということは、すでにいたるところで述べてきたとおりである。

　したがって指導者がここですべきことは、自分で正解を見つけられるよう、みずから取り組もうとする意識を植え付けることである。そのために大切なのが「目標」を明確にさせることだ。

　私自身についていえば、「大金を稼いで、貧乏生活にもかかわらず野球をやらせてくれた家族に恩返しをしたい」ということだった。それが私のモチベーションになった。大金を稼ぐには一流にならなければならない。とり立てて才能に恵まれていたわけではない私が一流になるためには、練習しかないと思ったが、それだけでは足りないことに私は早く気づいた。考えた末、その差を埋めるには「知力」を使うことだと思い至り、さらなる創意工夫をするようにな

ったのだ。

つまり、自ら真剣に野球に向かい合うためには「なんのために野球をやるのか」という目標を明確にすることが必要なのである。

人間は弱いものだ。ましていまは物質があふれ、その意味でのハングリー精神など望むべくもない。したがって、そうそうつらい努力をできるものではない。だからこそ、「野球をする理由」が必要なのである。

そこで私はそれぞれの選手に「プロ野球選手としての目標は何か」とたびたび問いかける。

「きみは将来、どんなピッチャー（バッター）になりたいのか？」

「何勝したいのか、何割、何本塁打打ちたいのか？」

「いくら年俸がほしいのか？」

その答えを引き出したうえで、こう続ける。

「だったら、そのために何が必要なんだ？　どうすればいいと思うんだ？」

依頼心は、人間の思考を衰えさせる。思考しなくなれば、進歩も止まる。一流とは、より多くの疑問を抱き、失敗を糧に課題に向かって真摯に努力し続けられる人間のことをいう。とすれば、選手をそのように仕向けることが、指導者の役割といえるのである。

プロセスを重視して実践指導

そのうえで最後に技術を教えるわけだが、その際に気をつけるべき点をひと言でいえば、「プロセスを重視し、実践指導を心がけよ」ということになる。

コーチたちを見ていると、選手の欠点を指摘し、そこを「直せ」と命じるだけでよしとしているコーチが非常に多い。いわく「ヘッドが下がっている」、いわく「肩が開いている」「軸足に体重が残っていない」……。

だが、そんなことは選手だってわかっている。ビデオを見れば一目瞭然だ。にもかかわらず、直らないから悩むのである。どうしていいかわからないから、コーチに教えを請うわけだ。選手が求めているのは、具体的に欠点を矯正するための実践的なアドバイスなのである。

したがって、まず指導者が伝えるべきは、自分自身の体験である。「自分はこうやって矯正した」「このように対処した」と、具体的な方法を教えてやるわけだ。

ただし、「だから同じようにやれ」といっても、必ずしも効果は出ない。人には人の資質があり、ましてそのコーチが名選手であれば、もしかしたらそのやり方は彼だからできたのかもしれず、悩んでいる選手にはそもそも不可能なことなのかもしれないからだ。

そこで肝心なのが、「おまえの場合はこうしてみたらどうだ？」と具体的な対策を教えてやることだ。

たとえば、フォークボールに対応できず、いつも空振りして帰ってくるバッターがいるとする。彼はなんとかしようと懸命に努力をしているのだが、同じ結果を繰り返している。そういうバッターは、基本的にストレートを待ちながら変化球にも対応しようとしているタイプが多い。ストレートのタイミングで待っているから、フォークに対応できないのである。そんなときはこういってやる。

「一度思い切ってフォークにヤマを張ったらどうだ？　一発スタンドにでも叩き込んだら、もうおまえにはフォークを投げづらくなるぞ」

そういうアドバイスができるかどうかは、その指導者が現役時代にどれだけ悩み、考え、試行錯誤しながら、どれだけ創意工夫を重ねたかで決まるといっても過言ではない。名選手が名指導者になれないのは、ここに理由がある。「おれができたのだから、おまえもできる」といって、自分のやり方をおしつけるか、「なぜできないんだ」と頭ごなしに叱ってしまう。その意味でも、現役時代に「感じ」「気づき」「考える」ことが大切なのである。

だからこそ結果よりもその課程、すなわちプロセスが重要だと私は考える。プロフェッショナルのプロとはプロセスのプロでもあり、野村野球は何かと問われれば、プロセス重視と答えている。

プロ野球は、たしかに「勝てば官軍」の世界である。結果がすべてだといってよい。多くの監督が「ほめておだてて気分よくプレーさせる」のは、ここにも理由のひとつがあるわけだが、極端にいえば、私生活がどうであろうとグラウンドで成績を残していれば、とやかくいわれることはない。結果によって評価が決まるのは、ビジネスの世界も同様かもしれない。

しかし、よい結果というものは、きちんとしたプロセスを経るからこそ生まれるのである。よい結果を出すためには、どういうプロセスをたどるかが非常に重要だと私は信じている。きちんとしたプロセスを経ないで生まれた結果は、それが数字的にどれだけすばらしいとしても、たまただといっていい。ほんとうの実力ではないからである。ずっといい結果が続くことはないと断言してもよい。

選手たちに教えすぎずに気づかせ、考えさせるとともに、準備の大切さをうるさいほどいい聞かせているのは、そこに理由がある。間違いに気づき、「どこがいけないのだろう」と考え、「どうすればよくなるのだろう」と試行錯誤する。その過程で人は成長し、技術も進歩するのである。まさしく人はプロセスでつくられる。プロフェッショナルのプロはプロセスのプロなのである。

固定観念と先入観を排して適性を見抜き、適所を与える

選手にせよ、部下にせよ、彼らをどのように活かすか、どうすれば活きるかを考えるのは、指導者の最大の使命である。そのために、選手を見る際には、いっさいの先入観や固定観念を排して臨まなければならない。そうしなければ、選手の才能と可能性を摘み取りかねない。

そのことで思い出すのがイチローのケースである。私がイチローをはじめて見たのは彼が入団一年目、オープン戦のことだった。たまたま彼がフリーバッティングをしているのをケージのうしろから見たのである。

「ええ選手やな」

私は思った。構えだけでもすでに一流になりそうな雰囲気が感じられた。当時、オリックスのフロントに金田義倫という私の高校の後輩がいたので、彼に尋ねると、鈴木という高校を卒業したばかりの一八歳だという。あらためて私は驚いた。

「あれが一八歳のバッティングか。久々に高卒の野手が一年目から活躍するかもしれないな」

事実、金田も「いいでしょう」と相好を崩し、チームとしても期待しているようだった。

ところが、一年たっても彼が一軍に上がったという話を聞かなかった。それで翌年のオープ

ン戦で再びオリックスと対戦したとき、金田にあらためて尋ねてみた。

「あの鈴木って子はどうした?」

「土井（正三）監督が使わないんですよ」

「どうしてだ?」

「あの振り方が気にいらないというんです。『あんな恰好でプロの球が打てるわけがない、あの打ち方を変えない限り一軍では使えない』って……」

そのころからイチローはのちにトレードマークとなった振り子打法を実践していた。それが土井は気にいらなかったのだ。

「だったら、うちにくれよ」

私はそういったが、その後監督になった仰木彬に抜擢《ばってき》され、「イチロー」と名前をあらためてからの彼の活躍は説明するまでもない。

じつは、イチローを見たあと、ヤクルトの編成部長にこう訊いたことがある。

「ああいう選手が、どうしてうちのドラフト候補リストにさえないんだ?」

返ってきた答えはこうだった。

「彼はピッチャーです。ピッチャーとしてしか見ていませんでした」

「振り子では通用しない」という土井の判断と、「ピッチャーとしてしか見ていない」というヤクルトの編成の考え方。これを固定観念といわずしてなんといおう。そして、もし土井の後任もそのような固定観念にさいなまれた人物だったとしたら、いまのイチローは存在しなかったかもしれないのである。

まして、好き嫌いで判断するなど言語道断。前にも述べたように、指導者はその選手の人生を預かっているといっても過言ではない。だからこそ、固定観念や先入観を排して選手を観察し、実力と適性を正確に見抜かなければならない。

そのうえで大切なのが、「適所」に起用するということである。適所を与えることが、その選手を活かし、選手が活きるための条件といっていい。

いまはヤクルトのコーチとなっている飯田哲也がその代表的なケースだ。飯田はキャッチャーとしてヤクルトに入団してきた。はじめて見たとき、彼がキャッチャーミットを持っていたので、私は驚いた。彼は身体が小さかったし、キャッチャー向きではなかった。他方、彼は俊敏で足が速かった。これは天性である。それなら野手に転向させたほうがいいと思った。そのほうが彼は活きるし、チームにとっても有益だと考えたのだ。

最初はショートをやらせたのだが、どうも身のこなしが向いていない。それで二塁手として使うことにした。ところが編成部のミスで、外野手の外国人をとるよう依頼したら来日してきたのが二塁手のレイだった。それで外野にしたのだが、そこがまさしく飯田の適所だった。俊足・強肩に加え、飯田には野生的な運動能力があった。そうした飯田の長所を引き出すのに、外野はまさしく最適なポジションだったのである。

足りないものに気づかせれば再生は難しくない

選手を観察して長所を見抜き、適所を与えることは、「再生」においても重要なことである。長年のプロ野球生活で私は、まだ充分な力と可能性が残っているのに、指導者がそこに気づかなかったり、たんに年齢がいったからという理由でプロ野球を去っていった選手を何人も見てきた。そして、そのたびに思ったものだ。

「どうしてこの選手の長所に気がついてやれないのか。そしてここを少し変えてやればよくなるのに……」

それはとりもなおさず、指導者の怠慢以外の何物でもない。選手の隠れた才能や可能性を引き出し、チャンスを与えて活かすのは、指導者の最大の使命である。にもかかわらず、固定観念や先入観で「失格」の烙印《らくいん》を押してしまう指導者がいかに多いことか。私にいわせれば、そんな指導者こそ「失格」である。

南海の監督時代から私は、そうしたいわばほかのチームが力を見限った選手を獲得し、再生させることでチームの戦力に加えてきた。結果、いつしか「野村再生工場」と呼ばれるようになったわけだが、そう考えたのも、「そんな選手でもまだ可能性は残されているのではないか」という思いからだった。見切りをつけるのはいつでもできる。少しでも可能性が残っている限り手を差しのべてやりたくなるのだ。

たとえばメジャーリーグでも活躍した吉井理人《よしいまさと》が近鉄からヤクルトに移籍したとき、周囲はすでに彼を「限界」とみなしていた。彼は鈴木監督との折り合いが悪くやる気をなくしていると聞いていたので、獲得したのだ。

すでに峠は越えていたため、勝てなくなっているという評判も聞いたが、それでも再生の道が残されていると思い、新しいボールを覚えてみることを勧めた。

私は吉井に強制した。

「シュートを絶対にマスターしろ」

シュートを覚えれば、スライダーとペアで使うことができ、外に逃げるスライダーと内に食い込むシュートを持つことで、攻め方の幅が広げられる。しかも、おたがいが補完しあうので、それぞれをさらに有効に使えるのである。吉井はフォークも覚えてさらに配球の幅を広げ、ヤクルトで三年連続二桁勝利をあげ、アメリカへと羽ばたいていった。

シュートをマスターすることで復活を遂げたピッチャーとしては、阪神の遠山奬志《とおやましょうじ》もそうだった。彼も吉井同様、ストレートとスライダーしか球種がなかった。しかも、彼は速球派だったときのピッチングを捨てられずにいた。そのため、にっちもさっちもいかなくなっていたのである。

したがって、彼には先発は無理だと判断し先発はあきらめさせ、松井秀喜や高橋由伸をはじめとする左バッター用のワンポイントリリーフという「適所」を与えることにした。そのうえでスリークォータースローに変えさせた。左バッターにシュートをより効果的に見せるためである。さらに、彼は性格も投手向きの強靭《きょうじん》な精神的強さを持っていた。その年の遠山の活躍はいうまでもないだろう。彼は見事に自分に与えられた仕事を果たしてくれた。

ほかにも、一時は故障もあって自信を失いかけていた川崎憲次郎もシュートをマスターすることで再生したピッチャーだし、シンカーを覚え、中継ぎ、ストッパーという適所を得たことで大成したのは高津臣吾だった。

そして、広島をお払い箱になってヤクルトにやってきた小早川毅彦と、中日からオリックスを経て楽天に移籍してきた山﨑武司は、「考える」習慣を身につけて復活した代表例である。

一度どん底に落ちかけた選手はいずれも、「もう一度花を咲かせたい」「見返してやりたい」という強い気持ちを持っている。しかも、そういう気持ちがあるから、どんなつらいことも厭《いと》わないし、アドバイスにも素直に従う。その力と観察してわかった長所を利用し、あとはそこに足りないものに気づかせてやればいい。再生とは、それほどむずかしいことではないのである。愛情を持って本人の気持ちや立場に立って共同で問題に取り組んでやることが重要なのだ。

やさしくするだけが愛情ではない

要するに、指導者にとっていちばん大切なのは選手に対する愛情なのだ。「この選手をなんとか一人前にしてやりたい」「もう一度復活させてやりたい」という気持ちがあれば、自然と選手をよく観察するし、活かし方、活かす場所が見つかるものなのである。

ただ、最近の指導者は、愛情を勘違いしているように私には見えなくもない。その証拠に、選手に「好かれよう」とする監督が非常に増えている。選手と友だち感覚で接する監督が増えたのも、選手から嫌われたくないという気持ちの現れではないか。組織のムードを円滑にするために、和気藹々《わきあいあい》と仲良くやりたいと考えている指導者が、プロ野球に限らず増えてきているようだ。なかには選手にゴマをすったり、選手を理解したふりをしてすりよっていったりする者もいる。

そういうコーチがいたら、私は引導を渡すようにしているし、私自身も選手に「よく思われたい」とか「好かれたい」とか思ったことはいっさいない。

なぜなら、前に述べたように、選手は監督の「敵」でもあるからだ。監督たるもの、選手に負けてはならない。時には選手と対決しなければならないときもあるため、野球に関する知識や理論はもちろんのこと、野球以外のことでも選手より上の段階にいなければならない。選手と同じレベルにいては、監督としての威厳は損なわれてしまう。いくら性格が温厚で人格にすぐれ、選手から好感を持たれようとも、監督としては失格だ。野球人として選手から「野球学ではかなわない」と思われなければ、チームは崩壊してしまう。

また、監督には選手に対して言いにくいこともあえてはっきり口に出さなければならないときもある。

かつて江夏豊が阪神から南海にやってきたとき、八百長くさいピッチングをしたことがあった。彼は以前もその種の噂があったこともあったから、そのとき私は江夏に対して詰め寄った。

「お前八百長をしてないだろうな」

最初はとりあわなかった江夏であるが、私の剣幕《けんまく》におののいたのか、真剣な顔つきになり、ポツリとこういった。

「そんないいにくいことをはっきりいったのは、監督がはじめてだ」

それからというもの、江夏の態度はガラッと変わった。

〝ブンブン丸〟と呼ばれ、人気を博していた池山には、こんなことをいったことがある。

「ブンブン丸と呼ばれておまえは気分がいいかもしれん。だが、そうやってバットを振り回して三振ばかりすれば、チームはどうなる？　おまえはヤクルトの中心選手なんだぞ」

私の真意を受け止めたのだろう、池山もその後、ブンブン丸を封印した。チームを第一に考えたバッティングをするようになった。結果、チームメイトからの信頼も増した。

ほめたり、やさしくしたりするだけが愛情ではない。ましてや機嫌をとったり、おだてたりすることが愛情では絶対にない。たとえ煙たがられようとも、時には怒らせようとも、必要なときは毅然とした態度で叱り、苦言を呈することも、指導には必要なのである。

「この子をきちんと育てたい、立派な選手にしてやりたい」

そう思うからこそ、叱るのであり、厳しく接するのだ。その気持ちがなければ、誰が好き好んでそんな言動をとるものか。

私は、選手やコーチを連れて食事をしたり、酒をのみに行ったりすることもない。日頃そういうことをしていると、つい情が移り、いざというときの判断と決断が鈍るばかりか、連れていかなかった選手がひがんだり、ねたんだりすることがある。

そうした感情は微妙に組織をギクシャクさせ、亀裂を呼ぶことがある。そうなればチーム内に不平不満が芽生え、そこからチームは崩壊しかねないのである。

『戦艦大和ノ最期』（吉田 満／講談社文芸文庫）という本に、こういうエピソードが記されている。

作者でもある吉田少尉は、あるとき自分に対して敬礼をしない水兵をそのままにした。それを見ていた臼淵馨大尉が「そんなときは鉄拳制裁あるのみだ」と吉田少尉を叱り飛ばした。なぜなら、戦場では指揮官は心を鬼にして冷酷非情な命令を部下に下さなければならないときがある。その際、日頃から吉田少尉のように甘い接し方をしていれば、兵士はこう思う。

「あの人はいい人だから、そんな命令を出すはずがない」

そして、「甘やかされて育ったおまえの兵と、厳しい規律で鍛えたおれの兵、どっちが強いか比べてみようか」と、臼淵大尉はいったという。

人間学なき指導者はリーダーの資格なし

一二球団の監督が集まる会議や、プロ野球関係者の会合などの席で、私がよく提案することがある。

それは、「監督講習会」をやってはどうかということである。

社会人野球の世界では、毎年各チームの監督やコーチを集め、さまざまな分野の第一人者を呼んで講習会を開いている。これをプロの監督に対しても行ったらどうかと提案しているわけだ。

私は社会人野球のシダックスの監督を務めていたことがあるので、社会人の講習会に「受講生」として参加したことがある。

そのとき、数人のプロ野球ＯＢが講師として呼ばれていた。ところが、話す内容があまりにお粗末なのだ。現役時代は巧打者でならしたあるＯＢは、バッティング技術についてこういった。

「バットが届くボールはなんでも打ちにいけ」

「選球眼なんかいらない」というのである。おそらく彼は「積極性が大切だ」ということをいいたかったのだろう。だが、あまりにも言葉が足りない。「積極性＝手の届くボールはなんでも狙う」という論法では、相手は勘違いしてしまう。

彼は天性だけで対応できるバッターで、自分がそうしてきたからほんとうにそう思っていたのかもしれない。だが、だとしたら聞いている人間にはなんの参考にもならない。アマチュアのバッターが同じことを実践したら、バッティングを崩し、スランプに陥りチームは迷惑だ。プロのバッターでもそうだろう。

その講習会には元ピッチャーも来ていたが、何をしゃべったか私はまったく憶えていない。ということは、やはりたいした内容ではなかったに違いない。

主催者側もこれではどうしようもないと思ったのだろう。最後に私のところに来て、「すみませんが、二、三〇分話をしていただけませんか」とお願いされた。それで私がしゃべりだすと、それまでメモなどとっていなかった受講者がとたんにペンを動かしだした。

それはともかくとして、要するにプロ野球経験者のほとんどは、「自分の経験をベースに指導を行えばいい」くらいにしか考えていないのである。どうすれば指導される側がより理解しやすいか、どのように教えれば伸びていくか。そういった指導者としてもっとも大切なことに眼がいっていない。

よしんば考えていたとしても、方法論を持たない。そういうことを学んだ経験がないからだ。だとしても自分で勉強すればいいのだが、その意欲もない。指導ということに対する向上心が欠けているように私には思えてならないのである。そういう環境になってしまっているから、「いざコーチ、いざ監督」となったとき人材不足を痛感するわけである。それが外国人監督が増えてきた要因にもなっているような気がする。

むしろ、その点ではアマチュアの指導者のほうがはるかにすぐれている。講習会を開いているのはなによりその表われだし、彼らの多くは野球の技術という点ではプロ経験者に比べれば劣るのは事実なので、それをどうにかして補おうと必死になっている。

プロスポーツの世界でも、Jリーグでは指導者講習会を行っている。それを受講し、ライセンスを取得しないと指導者にはなれないのだ。そこまでする必要はないかもしれないが、プロ野球でも、同様のことはすべきだと思うのだ。

むろん、私のいう講習会とは技術を教えるためのものだけというわけではない。だから、講師にしてもたとえばアメリカから最新の知識と情報を持ち、実績を残している優秀とされる指導者を呼ぶ一方で、たとえば元Jリーグのチェアマンにしてサッカー協会の川淵三郎氏といった同じプロスポーツですばらしい業績をあげた人や政財界や学界のトップといったまったく別の世界で活躍している人を招くのもいい。

要は、技術的指導の前に、指導者とは、リーダーとはどうあるべきか、どのような覚悟と決意を持って仕事に臨むべきかという心構えを説いてもらうとともに、人間としていかに成長することが大切かを、諸監督たちにもう一度考えてもらう機会を与える必要があると思うのである。「人間学なき指導者」にリーダーの資格はないのである。いまの時代こそ〝生涯学習の精神〟が求められているように思う。

あとがき　真のワールドシリーズ実現に向けて

危機感——私がいま、日本のプロ野球に抱いている気持ちをひと言で表せばそうなる。

国内の野球人気の低迷——私自身はそうは思っていないが——が叫ばれるなか、二〇〇八年のオフも、巨人の上原浩治、中日の川上憲伸という、まさしくセ・リーグを代表するふたりのエースがFAを宣言し、海を渡って行った。

社会人ナンバーワン右腕との呼び声が高く、ドラフトの目玉と考えられていた新日本石油ENEOSの田澤純一は、日本球界を拒否してメジャー挑戦を宣言。ボストン・レッドソックスへ入団した。このままではますます人材流出に加速がつくだろう。

その理由をメディアは、「日本の野球に魅力がなくなったからだ」とか「より高いレベルでやりたいのは当然だ」といって、選手たちを擁護する。

だが、もはやメジャーリーグのレベルが決して高くないのはすでに述べたとおりだし、「日本の野球に魅力がなくなった」というのなら、それはとりもなおさず、いまの日本の野球が本来持っているおもしろさや醍醐味、すなわち「野球の本質」を体現していないばかりか、ないがしろにしているからにほかならない。

つまり、技術や天性といった目に見える力にばかりに頼り、勝利のために徹底的に考え、情報を収集し、準備し、それぞれの選手が自分の役割と責任をまっとうすることをしない野球を繰り広げているからだ。そして、それを「力対力」の勝負だと、選手はもとより、メディアやファンまでも誤解しているからである。

最後にもうひとつ述べておきたい。

WBCもいいが、それ以上に私は、真の意味でのワールドシリーズの開催を日本が提案するべきだと思っている。次のオリンピックからは野球もソフトボールもなくなることへの動きも伝わってこないし、アメリカが昔から国内だけでやっているシリーズにもかかわらずワールドシリーズといっているのも実に滑稽《こっけい》の窮《きわ》みである。真の世界チャンピオンを決定するシリーズを考えてもよい時代に来ていると私は感じるのだ。

人材の海外流出に対し、いまの日本のプロ野球界が行っているのは、選手が直接メジャーに挑戦した場合、日本へ帰りにくくする制度をつくったり、海外移籍のためのFA権取得年限を維持したりというような、なんの解決にもならず発展性もない〝鎖国政策〟だけだ。

日本、韓国、台湾、中国の各リーグチャンピオンがアジア王座をかけて戦うアジアシリーズも、試合内容は年々レベルアップしているのに、日本選手のモチベーションや観客動員はいっこうに上がってこない。これも、このシリーズが〝世界〟と結びついていないことが大きな原因ではないかと私は考えている。

サッカーと比較してみればよくわかる。サッカーでアジアシリーズに相当するのはJリーグをはじめとする各国リーグの上位チームが集うアジアチャンピオンズリーグといえるが、この勝者は各大陸のチャンピオンがしのぎを削るクラブワールドカップに出場できる。世界から注目されるし、活躍すれば強豪クラブからのオファーも増えるはずだ。いきおい、選手のモチベーションは上がる。

ところが、野球にはこのクラブワールドカップにあたる大会が存在しない。アジア王者はアジア王者のままなのである。これでは大会が盛り上がりに欠けるのもしかたがないといわざるをえないだろう。

サッカーでいえばワールドカップに相当するＷＢＣがようやく誕生したのだから、クラブワールドカップも実現させるべきだと私は思う。すなわち、日本球界がすべきことは、人材流出をなんとかして阻止しようとすることではなく、積極的に世界とつながることではないか。そうすることで球界を活性化させ、レベルを上げて魅力あるものにしていくことこそが、人材流出に歯止めをかけるためにも大切だと私は思うのである。

そして、それができるかは、選手諸君や指導者がプロフェッショナルとしての資格を持ち、日本の強みを最大限に活かす野球――すなわち弱者の兵法にもとづいた野球を実践することで、日本野球のすばらしさを世界にアピールできるかどうかにかかっている――私はそう思っている。

【著者略歴】

野村克也（東北楽天ゴールデンイーグルス監督）

1935年、京都府生まれ。54年、京都府立峰山高校卒業。南海（現福岡ソフトバンク）ホークスへテスト生として入団。57年に本塁打王、65年に史上2人目、戦後初の三冠王となる。MVP5度、首位打者1度、本塁打王9度、打点王7度。ベストナイン19回、ゴールデングラブ賞1回。70年、南海の選手兼監督に就任、73年にパ・リーグ優勝を果たす。その後、ロッテオリオンズ、西武ライオンズでプレー、80年に45歳で現役引退する。通算成績は2901安打、657本塁打、1988打点、打率.277。解説者を経て、90年、ヤクルトスワローズ監督に就任、4度優勝（うち日本一3度）する。99年から3年間、阪神タイガース監督。2002年からは社会人野球・シダックスのゼネラル・マネジャー兼監督を務める。03年都市対抗野球大会で準優勝。89年、野球殿堂入り。06年度、東北楽天ゴールデンイーグルス監督就任。

弱者《じゃくしゃ》の兵法《へいほう》
野村《のむら》流《りゅう》　必勝《ひっしょう》の人材育成論《じんざいいくせいろん》・組織論《そしきろん》

2009年8月6日　第1版第1刷発行
2010年1月29日　第1版第7刷発行

著　者　野村克也《のむらかつや》

発行人　高比良公成
発行所　株式会社アスペクト
〒101-0054　東京都千代田区神田錦町3-18-3　錦三ビル3F
電話03-5281-2551　FAX03-5281-2552
ホームページ　http://www.aspect.co.jp
印刷所　日経印刷株式会社

ISBN 978-4-7572-1648-8